子どもの安全と
リスク・コミュニケーション

関西大学経済・政治研究所
子どもの安全とリスク・コミュニケーション研究班編

関西大学出版部

はしがき

　本書は、関西大学経済・政治研究所「子どもの安全とリスク・コミュニケーション研究班」が、2010年4月の発足から2014年3月末に解散するまでの4年間に行った研究活動の成果をまとめたものである。この研究班は「地域社会とリスクマネジメント―子どもの安全に関する研究とリスク・コミュニケーション・ツールの開発―」をテーマに掲げて研究活動を行った。

　さて、子どもは国家の社会・経済の将来的な基盤を担う存在である。本研究班は、将来の国力の源泉となる子どもの安全について研究し、子どもが安全に暮らせる社会を実現するための提言やツールの開発を行って社会貢献することを目的とした。具体的には、ケータイ、インターネット、学校、個人情報、メンタルヘルスなどの事象と子どもの安全について、ソーシャル・リスクマネジメント（地域社会とリスクマネジメント）の観点から研究し、最終的にリスク・コミュニケーションのカードゲームである「クロスロード」の子ども版の一例を作成することを目標とした。

　本研究班が開催した研究会、公開セミナー、産業セミナーの資料と講演録については、本書と同時に公刊する『調査と資料　子どもの安全とリスク・コミュニケーションⅡ』（関西大学経済・政治研究所、2014年3月）に収録する。また2012年3月段階の研究成果については、『研究双書第155冊　子どもの安全とリスク・コミュニケーション』（関西大学経済・政治研究所、2012年3月）と『調査と資料　第109号　子どもの安全とリスク・コミュニケーション』（関西大学経済・政治研究所、2012年3月）にまとめたので、合わせて参考にされたい。

本研究班は、国家の宝である子どもたちが安全で安心な生活を営み、健やかに成長していくことに、少しでも貢献しようと研究活動を行った。本書に見る本研究班の研究成果が、リスクマネジメント、子どもの安全、リスク・コミュニケーションなどに関心のある方に参考となれば幸いである。

2014年3月

子どもの安全とリスク・コミュニケーション研究班

主幹　亀井　克之

目　　次

はしがき

第Ⅰ章　リスクマネジメントの考え方
亀　井　克　之

1　リスクとリスクマネジメントの原点…………………………………… 3
2　リスクマネジメントの国際規格………………………………………… 4
3　リスクとリスクマネジメントの意義…………………………………… 5
4　リスクの要素……………………………………………………………… 7
5　危機管理とリスクマネジメントの考え方……………………………… 8
6　リスク対応（リスク・トリートメント）……………………………… 9
7　2つのＣ：①コミュニケーション
　　—リスク対応について共通理解をするためのプロセス……………10
8　2つのＣ：②コーディネーション
　　—組織全体でリスク感性を伸ばす組織作り…………………………11
9　リスク・コミュニケーション……………………………………………13
10　リスク・コミュニケーションのゲーム「クロスロード」について……14
11　自分流のリスクマネジメント……………………………………………16

第Ⅱ章　子どもとソーシャル・リスク
亀　井　克　之

はじめに………………………………………………………………………19
1　子どもに関わるリスク……………………………………………………20
2　ケータイ・インターネットのリスク……………………………………21
3　児童虐待のリスク　—児童虐待の事件例………………………………24

4　学校への不審者侵入事件の例…………………………………… 28
   5　通学路等における幼児殺害事件の例…………………………… 29
   6　畑村洋太郎『危険な学校』より　学校を中心とする
　　　子どもの事故の例………………………………………………… 31
   7　子どもが関わる交通事故の例…………………………………… 33

第Ⅲ章　子どもの安全とソーシャル・リスクマネジメント
　　　―子どもの安全に関わるリスク対応と施策―

亀　井　克　之

はじめに……………………………………………………………………… 37
   1　国家の将来を担う宝を守るために……………………………… 38
   2　「青少年育成施策大綱」の策定………………………………… 39
   3　「子ども・若者育成支援推進法」の制定……………………… 39
   4　「子供・若者育成支援推進法」に基づく大綱の策定………… 40
   5　「いじめ防止対策推進法」の基本方針………………………… 40
   おわりに…………………………………………………………………… 45

第Ⅳ章　子どもを持つ生活者とリスクマネジメント

奈　良　由美子

はじめに…………………………………………………………………… 47
   1　調査フレーム……………………………………………………… 49
   2　子どもを持つ生活者のリスクへの認識………………………… 51
   3　子どもを持つ生活者のリスクへの対処………………………… 54
   おわりに…………………………………………………………………… 60

第Ⅴ章　子どものインターネット利用におけるリスクと
　　　　ゲーム形式を用いたメディア・リテラシー実践の可能性

　　　　　　　　　　　　　　　　　　　　　　　岡　田　朋　之

　1　子どものネット・コミュニケーションをめぐる諸問題………… 65
　2　ゲーム形式による実践の導入……………………………………… 69
　3　実践事例……………………………………………………………… 71
　4　実践からの発展的な試み…………………………………………… 82
　5　まとめと課題………………………………………………………… 85

第Ⅵ章　子どもたちが困難やストレスを乗り越えるために

　　　　　　　　　　　　　　　　　　　　　　　尾　久　裕　紀

　はじめに………………………………………………………………… 89
　1　ストレスについて…………………………………………………… 90
　2　子どもの発達からストレスを考える……………………………… 92
　3　ストレスはリスクにも成長にもなる……………………………… 96
　4　福島の子どもたちのストレス……………………………………… 99
　5　私たちが子どもたちにできること…………………………………106
　おわりに…………………………………………………………………108

第Ⅶ章　小学校受験におけるリスク・マネジメントに
　　　　関する一考察

　　　　　　　　　　　　　　　　　　　　　　　石　井　　　至

　1　小学校受験に関するリスク・アセスメント………………………113
　2　狭義のＲＭ・リスク戦略……………………………………………115
　3　結論……………………………………………………………………117

第Ⅷ章　わが国のプライバシー・個人情報保護法制の将来像の探求
　　　　　―「EC プライバシー研究報告」におけるわが国の
　　　　　　個人情報保護法制の「有効性」に関する評価を端緒として―

　　　　　　　　　　　　　　　　　　　　　　　髙　野　一　彦

　はじめに……………………………………………………………………119
　1　問題意識………………………………………………………………120
　2　企業から見た「有効性」……………………………………………122
　3　データ保護の国際的整合……………………………………………131
　4　番号法における国際的整合…………………………………………138
　5　むすびにかえて　―個人情報保護法制における監督機関と罰則―…143

第Ⅸ章　参加型手法を取り入れた防災教育
　　　　　―中学生の被災地での体験学習の事例より―

　　　　　　　　　　　　　　　　　時任　隼平・久保田　賢一

　はじめに……………………………………………………………………153
　1　問題の所存と本研究の目的…………………………………………155
　2　研究の対象と方法……………………………………………………157
　3　結果と考察……………………………………………………………163
　4　まとめと課題…………………………………………………………170

第Ⅹ章　学校の危機管理

　　　　　　　　　　　　　　　　　　　　　　　亀　井　克　之

　はじめに……………………………………………………………………173
　1　学校の被災状況………………………………………………………174
　2　災害に負けない学校作り　―防災拠点としての学校………………175
　3　仮設校舎の建設………………………………………………………178

4	児童・生徒のメンタルヘルス……………………………………………180	
5	被災地の学校支援活動例　―勉机ボランティア……………………180	
6	東日本大震災1月後の被災学校調査……………………………………182	
7	初動対応	
	―学校における危機管理とリーダーシップ・	
	機転を利かせた先生―…………………………………………………183	
8	東日本大震災が示した課題	
	―地域社会における学校の危機管理と防災教育………………………190	

おわりに……………………………………………………………………………192

第XI章　学校現場における安全管理・防災教育の実践
―高槻市立　磐手小学校における取り組み―

亀　井　克　之

はじめに………………………………………………………………………………197
1　高槻市立磐手小学校における安全管理方針
　　―危機管理とリーダーシップ―…………………………………………197
2　関連資料
　　資料1　災害時の措置・対応マニュアル……………………………………205
　　資料2　危険箇所マップ………………………………………………………207
　　資料3　防災訓練概要…………………………………………………………208
　　資料4　教員が作成した「クロスロード」問題……………………………214
　　資料5　KUMCによる特別授業………………………………………………218
　　資料6　防災訓練………………………………………………………………222
　　資料7　新聞スリッパ　作り方説明書………………………………………223
　　資料8　あいさつの重要性……………………………………………………225
　　資料9　関西大学　高槻ミューズキャンパス　社会安全学部　訪問……226
　　資料10　「リスクマネジメント」論で使用した教材
　　　　　　（防災クイズ・クロスロードなど）……………………………229
　　資料11　ハザードマップすごろく…………………………………………250

子どもの安全と
リスク・コミュニケーション

第Ⅰ章　リスクマネジメントの考え方

亀　井　克　之

1　リスクとリスクマネジメントの原点
2　リスクマネジメントの国際規格
3　リスクとリスクマネジメントの意義
4　リスクの要素
5　危機管理とリスクマネジメントの考え方
6　リスク対応（リスク・トリートメント）
7　2つのC：①コミュニケーション
　　―リスク対応について共通理解をするためのプロセス
8　2つのC：②コーディネーション
　　―組織全体でリスク感性を伸ばす組織作り
9　リスク・コミュニケーション
10　リスク・コミュニケーションのゲーム「クロスロード」について
11　自分流のリスクマネジメント

1　リスクとリスクマネジメントの原点

　リスクマネジメントの考え方を1行で表せば「①個人・組織・社会を取り巻くリスクを**発見**し、②現実の事故につながればどうなるかを**予測**し、③そのリスクにどのように対応するかを**決断**する」ことである。
　ピーター・バーンスタインが『リスク』という書物の中で指摘したように、リスク（risk）という言葉は、イタリア語のリジカーレ（risicare）に由来する。この言葉は「**勇気を持って試みる**」「**岩山の間を航行する**」といった意味を持

つ。バーンスタインによれば、リスクは運命というよりは選択や決断を意味している[1]。

こうしたリスク本質論から、リスクマネジメントにおいて、リーダーの選択や決断がいかに重要であるか認識できる。

子どもの安全を考える場合、リスクマネジメントの3つの段階に占めるステークフォルダー（保護者、教員、地域社会、行政）の役割はそれぞれ大きく、その姿勢や、選択・決断力、つまりリーダーシップが、リスクマネジメントの成否を左右する。

2　リスクマネジメントの国際規格

組織がリスクマネジメントのどのように展開すればよいかについての国際的な規格として、2009年11月15日にISO 31000:2009 "Risk management – Principles and guideline"（『リスクマネジメント－原則及び指針』）が、ISOにより発表された。同時に、リスクマネジメント用語に関する国際規格であるISO/IEC 73:2002（邦訳 TR Q 0008:2003）が改訂さら、ISO Guide 73:2009 "Risk Management –Vocabulary"（『リスクマネジメント－用語』）として発表された。

日本のリスクマネジメント規格は、2001年のJIS Q2001:2001「リスクマネジメントシステム構築のための指針」(2001年) から、2010年9月21日にISO 31000:2009の日本語訳であるJIS Q 31000:2010になった。

ISO 31000の枠組みを図Ⅰ-1に示すが、これは発表されて以来、企業を中心とするさまざまな組織がリスクマネジメントを本格的に導入する際の規範となっている。そして、この枠組みは、子どもの安全などの事象にも当てはめて考えることができよう。

第Ⅰ章　リスクマネジメントの考え方（亀井）

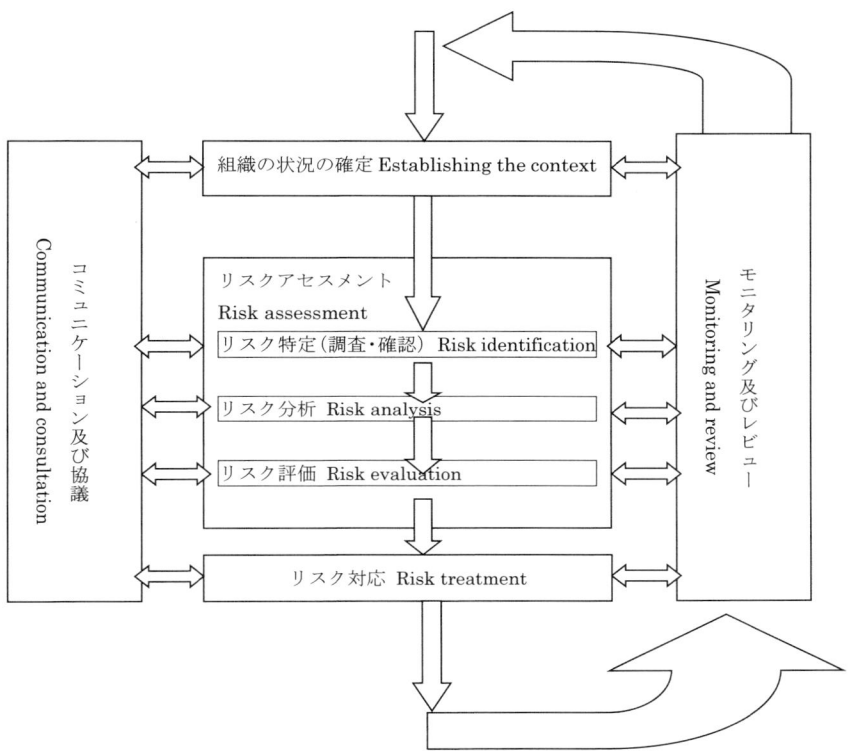

図Ⅰ-1　ISO 31000 によるリスクマネジメント・プロセス Risk management process[2]
* ISO31000 における「プロセス」では、「組織の状況の確定」→「リスクアセスメント」→「リスク対応」というプロセスの各段階に「コミュニケーションと協議」「モニタリングとレビュー」が関わり合うという形で、リスクマネジメントのプロセスを提示している。

3　リスクとリスクマネジメントの意義

　リスクマネジメントの国際規格 ISO31000（2009）は、リスクを「目的に対する不確かさの影響」と定義している。そして、リスクマネジメントを「リスクについて、組織を指揮統制するための調整された活動」と定義している。

(5)

リスクは「純粋リスク」と「投機的リスク」の2種類に大別できる。純粋リスクとは事故や災害など、「守り」に関わるリスクである。一方、投機的リスクは、ビジネスチャンスに伴うもので、「攻め」に関連するリスクである。現代の企業リスクマネジメントでは、双方について考えることが常識となった。

　加えて、自然大災害や新型インフルエンザなど、社会全体に大きな影響を及ぼすリスク（ソーシャル・リスク）への対応策、すなわち**ソーシャル・リスクマネジメント**の観点も重要になってきた。これからは、目先の利益を追って、「自分だけが」「自社だけが」「自分の学校だけが」助かればいいという考え方ではなく、同じ地域社会で活動する個人、家庭、企業、学校、行政などが連携してリスクマネジメントを行なうという視点が必要である。

　また、メンタルヘルスの不調を訴える人が増加している昨今、金銭や物だけでなく、人や心を対象にしたリスクマネジメントの整備が急務である。（「モノ・カネのリスクマネジメントだけではなく、ヒト・ココロのリスクマネジメントも」）

表 I-1　純粋リスクと投機的リスク

純粋リスク（Pure Risk）：
● Loss Only Risk
● 管理すべきリスク　*Risk to manage*
● 事故・災害
● 「守る」「防ぐ」
● ←予防・保護・保険の対象
投機的リスク（Speculative Risk）：
● Loss or Gain Risk
● とるリスク　*Risk to take*
● ビジネス・リスク，戦略リスク
● 「とる」「リスクテークする」
● ←戦略的意思決定・決断の対象

4　リスクの要素

　リスクマネジメントの出発点は、保険管理や安全管理であった。伝統的なリスクマネジメントの考え方では、リスクは「事故発生の可能性」と理解されており、次の要素の総てを含む。
　①ハザード（hazard）：事故発生に影響する状況
　②エクスポージャー（exposure）：リスクにさらされる人・物
　③リスク（risk）：事故や損失発生の可能性
　④ペリル（peril）：偶発的な事故
　⑤クライシス（crisis）：危機。事故がいよいよ迫ってきたときの状況または事故直後の状況
　⑥ロス（loss）：損失。
　なお、現代的なリスクマネジメントの用語規格等では、「イベント（event）：事象」という用語が用いられるが、これは、本節で示している「ペリル（peril）：事故」と置き換えることができる。
　これらについて理解するため、営業車両の運転を例に挙げてリスクの要素をまとめてみよう。
　まず、路面が雨に濡れている（ハザード）ことにより、スリップの可能性（リスク）が高まり、実際にスリップ事故（ペリル）が発生した。この事故によって、営業車両は使用不能になり、ドライバー（エクスポージャー）も負傷。これに伴って製品販売の機会損失と追加費用が発生（ロス）したという流れである。
　では、子どものスマートフォン使用を例にリスクの要素をまとめてみよう。
　ハザード（事故発生に影響する事情）：スマートフォンの普及。
　リスク（事故発生の可能性）：子どもがスマートフォンを使用してトラブルに巻き込まれる可能性。

（7）

ペリル（事故）：トラブル（他者とのトラブル、犯罪、長時間の利用、個人情報の流出、有料サービスの利用）。
ロス（損失）：心身に危害が及ぶこと、勉学時間の減少、高額の課金による金銭的損失。

なお、ヤングとティピンズの所説に基づけば、リスクの要素は図Ⅰ-2のようになる[3]。

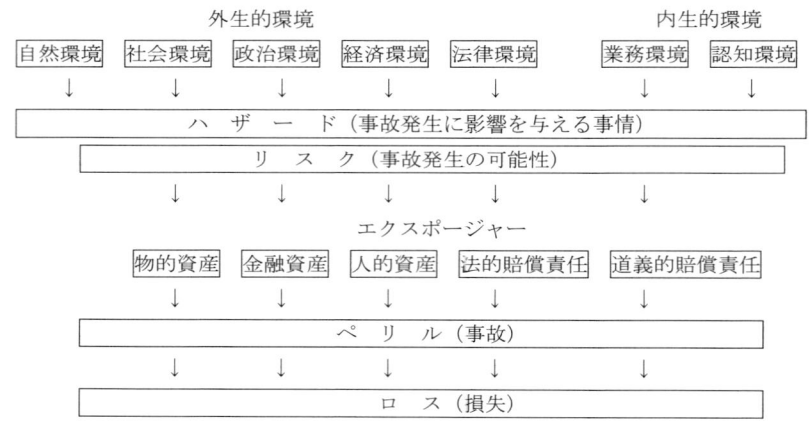

図Ⅰ-2　リスクの環境的源泉とエクスポージャー
出所）ヤングとティピンズ（2002）p. 262.

5　危機管理とリスクマネジメントの考え方

リスクマネジメント（RM）と危機管理（CM）の関係についてのとらえ方はさまざまである。「RMとCMは同じと考えてもよい」「共通点がある」「RMにCMが含まれる」という、いずれの考え方も正しいだろう。ただし、事故の危機が迫ってきたり、事故が発生したりした後の対処を中心とするCMに、

表 I-2　危機管理とリスクマネジメントの考え方

```
事前のリスクマネジメント
・「事前」→発見：リスクの洗い出し（リスクの調査・確認，特定）
　→予測：リスクの評価・分析（リスク・アセスメント）
　→対応：災害対策を徹底，事故発生を徹底的に防止，保険加入，資金準備（リスク・トリートメント）
・リスク処理計画，事業継続計画（BCP）
・平常時からリスクを意識し訓練（シミュレーション訓練）
渦中・事後の危機管理
・「災害発生直後」→「渦中」におけるリーダーシップ・決断・コミュニケーション
・「事後」→事後に失敗に学ぶ・同じミスをしない
```

RM が含まれると考えるのは難しい。

6　リスク対応（リスク・トリートメント）

リスク対応には事故の防止や物理的な災害対策を指す「リスク・コントロール」と、金銭的な準備や保険の活用という「リスク・ファイナンス」がある。また、対応手段には「回避（避ける）」、「除去・軽減（減らす）」、「転嫁・移転（ほかに移す）・共有（分担する）」、「保有・受容（受け入れる）」がある。

表 I-3　リスク対応（リスク・トリートメント）

```
2つの柱：
① リスク・コントロール（事故の防止，物理的な災害対策），
② リスク・ファイナンス（保険の活用，資金準備）
4つの手段：
① 回避（避ける），
② 除去・軽減（減らす），
③ 転嫁・移転（他に移す）・共有，
④ 保有（受け入れる）
```

7　2つのC：①コミュニケーション
―リスク対応について共通理解をするためのプロセス

リスクマネジメントのプロセスは、「リスクの発見」→「リスクについての予測」→「リスク対応」である。リスクの存在について、そのリスクへの対応策について、組織内で共通理解を得る手順を示してみよう。

① 発見：リスクの調査・確認（Risk Identification）

福島第一原発事故からもわかるとおり、「リスク・ゼロ」ということはあり得ない。ハインリッヒの法則が示すように、「一つの重大な事故の背後には。29の軽微な事故があり、その背景には300の日常的なヒヤリとしたり、ハッとしたりする異常が存在する」。日常的なヒヤリハット事例に遭遇した場合に、大したことはなかったと見過ごすのか、大きな事故につながる可能性があるとして意識するかが、リスクマネジメントの成否を分ける。こうしたことを念頭にリスクの洗い出しを徹底する。

② 予測：リスクの評価・分析（Risk Assessment）

リスクを発見すると、次に予測を行う。実際の事故へとつながる確率・可能性はどれ位あるのか、事故発生の結果、どの程度の損害がもたらされるかを分析する。

分析結果は、組織で共通理解を得るために、リスクマップとして図表化したりして「見える化」する。

③ 対応：リスク処理手段の選択についての決断（Risk Treatment）

最後に、リスク対応策を協議する。その際、大きな柱となるのが、事故を未然に防ぐ「リスクコントロール」と、保険や資金準備を考える「リスクファイ

表Ⅰ-4　危機管理・リスクマネジメントのプロセスとコミュニケーション

① 発見
　リスクの調査・確認（リスク特定）
　　リスクの洗い出し・リスクの発見：
　「どんなリスクがあるのか？」「どんな災害が想定されるか？」
② 予測
　リスクの評価・分析（リスク・アセスメント）：
　　リスクについての予測
　←確率「どれくらいよく発生するのか？」
　←強度「発生した結果，どのような被害が想定されるか？」
③ 対応・決断
　リスク処理手段の選択（リスク対応，リスク・トリートメント）：
　「想定されるリスクにどのように対応するのか？」

ナンス」で、それぞれをどのように組み合わせるか選択・決断する。

8　2つのＣ：②コーディネーション
―組織全体でリスク感性を伸ばす組織作り

　前述したように、ISO31000はリスクマネジメントを「リスクに関して組織を指揮し、統制する調整された活動」と定義している。この「調整」＝コーディネーション（Coordination）と、リスクの存在についての共通理解と対応策を協議するコミュニケーション（Communication）という「2つのＣ」がリスクマネジメントのキーワードである。

　まず、コーディネーションであるが、現代の企業の場合、リスクマネジメントの調整役を担う「リスクマネジメント委員会」などの組織を図Ⅰ-3のように設置することが定着している。生産、販売、情報といった各職能部門のみに関わるリスクに対しては、各部門で対応する。リスクマネジメント委員会が扱うのは、全社的に影響を及ぼすリスクである。例えば、地震や津波などの自然大災害や新型インフルエンザなどがそれに当たる。

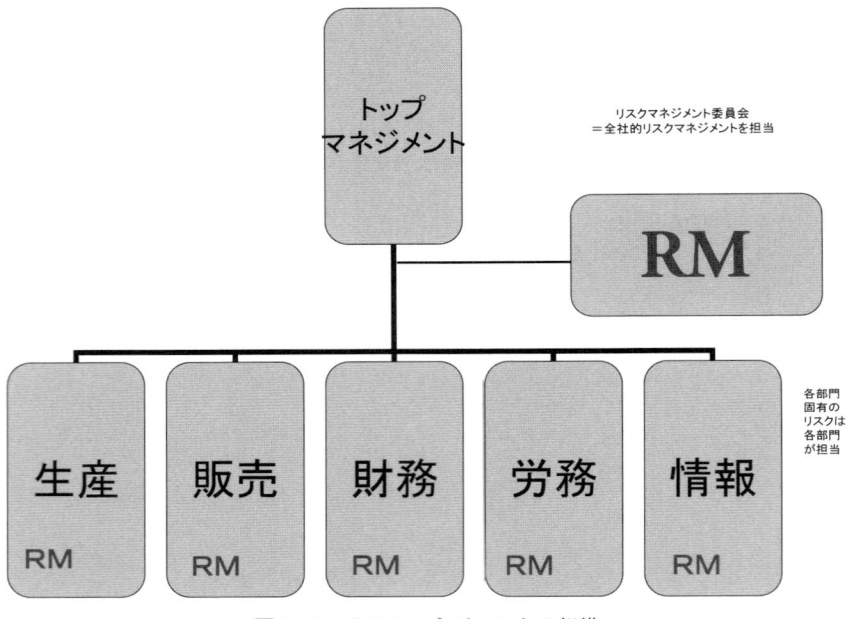

図Ⅰ-3　リスクマネジメントの組織

　学校の安全を例にとれば、「研究部」「指導部」「管理部」といった分掌組織を横断する委員会組織として、「校内安全推進委員会」などが組織される。
　リスクマネジメントの組織体制を構築する上で注意する必要があるのは、企業の場合は社員全体のリスク感性を伸ばす視点、学校の場合は教員全体のリスク感性を伸ばす視点が必要だということである。たとえば株式会社明治では、各部門、各事業所で「リスクコンプライアンス・リーダー」と呼ばれるリスクマネジメントの責任者を当初は任期2年で、現在では、任期を1年に短縮して、任命している。毎年、責任者を変更することによって、組織全体でリスク感性を伸ばす仕組みを整えている。
　リスク感性とは、平常時には「リスクに気づく力」であり、非常時には即断即決するための「直感力」「リーダーシップ」「コミュニケーション力」などを

指す。

9　リスク・コミュニケーション

　リスク・コミュニケーションは、社会学、心理学、工学、リスク研究の分野で幅広く研究されている概念で、*ISO/IEC Guide73: 2002* では次のように定義されていた。

　　「意思決定者と他のステークホルダーの間における、リスクに関する情報の交換、又は共有。備考：ここでいう情報はリスクの、存在、性質、形態、発生確率、重大さ、受容の可能性、対応、又は他の側面に関連することがある」[4]

　リスクのマネジメント、危機の管理という「マネジメント」「管理」という観点から捉えた場合、リスクそのものに関する情報の交換・共有だけではなく、特に上記定義の備考に挙げられた「対応」についても留意する必要がある。それゆえ、リスク・コミュニケーションとは、①個人や組織を取り巻くリスクにはどのようなものがあるか、②そのリスクに対してどのように対応するかについて、(a)組織内部と、(b)組織外部のステークフォルダー間で共通理解を図ることであると理解できる。

　リスクコミュニケーションとは、子どもの安全を題材にとれば、次のように解釈し説明できる。すなわち学校におけるリスク・コミュニケーションとは、①子どもが直面するリスク、子どもを取り巻くリスクにはどのようなものがあるか、②そのリスクに対してどのように対応するか、どのようにマネジメントするかについて、(a)子どもと保護者という家庭内と、(b)子どもを取り巻く外部のステークフォルダー（学校・地域社会・行政）において、共通理解を図ることを意味する。（図Ⅰ-4参照）

| (a) 家庭内部におけるコミュニケーション
（子ども←→保護者） | (b) 家庭外部に対するコミュニケーション
（子ども・保護者←→ステークフォルダー：
学校・地域社会・行政） |

↓　リスク・コミュニケーション

① 子どもを取り巻くリスクについての共通理解：
　→リスクをめぐる状況についての価値観を共有

②そのリスクにどのように対応するかについての共通理解：
　→リスク克服に向けた価値観を共有

図Ⅰ-4　子どもの安全とリスク・コミュニケーション

10　リスク・コミュニケーションのゲーム「クロスロード」について

　リスク・コミュニケーションについてのゲーム「クロスロード」は、リスクについてどのように考え、どのように対応するかについて、さまざまな意見や価値観を参加者と共有することを目的とする。これは、自らアクティブに考え、異なる意見・価値観の存在に気付くことに主眼をおいて開発されたゲームである。

　クロスロードとは、英語で「岐路」、「分かれ道」を意味する。自然災害では、「二者択一」を迫られるような状況に直面する。災害対応は、ジレンマを伴う重大な決断の連続である。実際、1995年の阪神大震災では、神戸市職員が難しい判断を迫られた状況が数多くあった。クロスロードは、非常事態を疑似体験して、判断力を磨くためのカードゲームとして、京都大学の矢守克也教授が開発した。

　クロスロードは、問題カードとイエス・ノーカードを使って行う。プレーヤーは、1人ずつ順番に問題カードを読み上げる。カードが読み上げられるごとに、プレーヤー全員が、自分ならその状況でどうするかを考え、イエスか、

ノーか、どちらかのカードを選ぶ。選んだカードを裏向けて、自分の前に置き、全員がカードを置いたら、一斉にカードを表に向ける。多数派の意見だったプレーヤーが、「青座布団」を手に入れることができる。グループの中で、イエスカードかノーカードを出したのが「1人だけ」の場合は、その1人は、希少価値がある意見を述べたということで、「金座布団」が1枚もらえる。この場合、他の人は、たとえ多数派となっても、誰も座布団をもらえない。しかしこのゲームでは座布団の数が重要なのではない。それよりも、各問題ごとに、「なぜYesなのか」「なぜNoなのか」「Yesのメリット、デメリット」「Noのメリット、デメリット」について参加者間でふりかえることが促される。このゲームでは、各問題には絶対的な正解は存在せず、この「ふりかえり」、つまり意見交換こそが、リスク・コミュニケーション能力を身につける上で重視される。ふりかえりを通じて、参加者は、同じ一つの事柄に対して、自分とは異なるさまざまな考え方があることを実感する。

クロスロード「神戸編」からの代表的な問題を2例を示しておこう。
1. あなたは：食料担当の職員
状況：被災から数時間。避難所には3,000人が避難しているとの確かな情報が得られた。現時点で確保できた食料は2,000食。以降の見通しは、今のところなし。まず、2,000食を配る？
YES（配る）or NO（配らない）？

2. あなたは：仮設住宅担当課長
状況：大地震から1ヶ月経過。仮設住宅建設へ向けての毎日。これまで確保した用地だけでは、少なくとも100棟分不足。この際、公立学校の運動場も使う？
YES（使う）or NO（使わない）

11 自分流のリスクマネジメント

　リスクマネジメントや危機管理を、「学習しよう！」「導入しよう！」と考えて書店に行くと、関連書籍があふれている。「学校の危機管理」や「子どもの安全」についても、数多くの書籍が出版されており、情報の多さに途方に暮れてしまうのが現状だ。しかしながら、組織や個人にはそれぞれ個性があり、事情は異なる。そこで、信頼できる考え方や書物を参考にしながら、自分や自分の組織に合ったリスクマネジメントや危機管理を構築していけばよいと考える。きちんと基本を踏まえた上で、信念を持ってリスクマネジメントを設計し、自信を持って実践していけばよいのではないか。
　例えば、内閣府『子ども・若者白書』のような書物に記された情報を基に、自らの頭を働かせ、自らの理性と感性で、自分流のリスクマネジメントを考案することが一計であろう。
　残念ながら、リスクがまったくない、リスク・ゼロという状況はありえない。子どもの安全を考える場合も、子どもを脅かすリスクがあるからこそ、それを乗り越えようとして、私たちは生活の中で努力するわけであり、その結果、進歩し向上していくのではないだろうか。
　「子どもはどのようなリスクに直面しているのか？」「そのリスクにどのように対応して、子どもの安全を確保するのか？」というリスク・コミュニケーションを行うことによって、ステークフォルダー（保護者、学校、地域社会、行政）が共通の理解を持つことが重要である。

注記

1）ピーター・バーンスタイン、青山護訳『リスク：神々への反逆』日本経済新聞社、1998年、p.23.
2）『対訳 ISO 31000:2009（JIS Q 31000:2010）リスクマネジメントの国際規格』日本規

格協会、p.108-p.109.
3）ヤングとティピンズ、宮川・高橋・坂本訳『MBAのリスクマネジメント』PHP研究所、2002年、p.262.
4）『JIS Q 2001:2001 リスクマネジメントシステム構築のための指針』日本規格協会、2003年、p.90-p.91.

参考文献

亀井利明・亀井克之『危機管理とリーダーシップ』同文舘出版、2013年。

矢守克也・吉川肇子・網代剛『防災ゲームで学ぶリスク・コミュニケーション　クロスロードへの招待』ナカニシヤ出版、2007年。

吉川肇子・矢守克也・杉浦淳吉『クロスロード・ネクスト　続：ゲームで学ぶリスク・コミュニケーション』ナカニシヤ出版、2009年。

『対訳 ISO 31000：2009（JIS Q 31000：2010）リスクマネジメントの国際規格』日本規格協会。

第Ⅱ章　子どもとソーシャル・リスク

亀　井　克　之

はじめに
1　子どもに関わるリスク
2　ケータイ・インターネットのリスク
3　児童虐待のリスク　―児童虐待の事件例
4　学校への不審者侵入事件の例
5　通学路等における幼児殺害事件の例
6　畑村洋太郎『危険な学校』より学校を中心とする子どもの事故の例
7　子どもが関わる交通事故の例

はじめに

　本章では、子どもを取り巻くリスクについて、一般的な状況や事例を示して概観する。

　『平成25年版　子ども・若者白書』によれば、少子高齢化社会となった我が国における30歳未満人口は、昭和50年（1975年）以降、減少し続けている。総人口に占める割合についても、昭和49年（1974年）に50％を下回り、それ以降、低下し続けている。総務省が発表する『国税調査』によれば、平成24年（2012年）10月1日現在の30歳未満人口は3,592万人（男子1,838万人・女子1,754万人）で、総人口に占める割合は28.2％であった。その内、19歳未満の人口は2,259万人であった[1]。

　18歳未満の未婚の子どもがいる世帯の数も減少傾向にある。これは平成23

(2011)年は 1,180 万世帯であった。世帯総数に占める子どもがいる世帯の割合は 25.3％であり、平成元年（1989）年の 41.7％から大幅に減少してきたことがわかる[2]。出生数は、昭和 46 年（1971 年）から昭和 49 年（1974 年）の第 2 次ベビーブームを境にして、減少に転じた。以来、緩やかな現象が続いている。平成 24 年（2012 年）の出生数は 103 万人で、過去最低となった[3]。

　少子高齢化という社会状況は、技術革新など他の環境変化要因と共に、子どもをめぐるリスクの状況に影響を及ぼしていると考えられる。

1　子どもに関わるリスク

　奈良（2011）は、三菱総合研究所『国民の安全・安心の確保のための科学技術に関する調査報告書』（2009 年 2 月、文部科学省科学・科学技術試験研究委託事業）に基づいて、子どもに関係するリスクとして表Ⅱ-1 に示すものを列記している[1]。

表Ⅱ-1

・いじめ　・差別　・非行　・教育費の増加　・子どもからの暴力行為　・不登校 ・万引き等青少年犯罪　・子どもへの虐待　・子どもを対象とした犯罪

　こうしたリスクに影響を及ぼすハザード（環境・状況）の変化として、インターネット、携帯電話、さらにはスマートフォンの普及がある。リスクがペリル（実際の事故・事象）となって、子どもたちに危害を及ぶと、心身のロス（損害）が生じるわけだが、近年、死傷という身体的なロスに加えて、心理面のロス（メンタルヘルスの不全）が顕著になってきた。

　次節以降、子どもを取り巻くリスクの中でも、携帯電話・スマートフォンのリスク、幼児虐待のリスク、通学路・学校近辺におけるリスクについて取り上げる。

2　ケータイ・インターネットのリスク

　携帯電話には、①いつでも連絡が取れる、② GPS 機能によって居場所がわかる、③防犯ブザーの付いた機種があるなどのメリットがある。その反面、携帯電話を通じてインターネット接続することによって、(a)迷惑メールやなりすまし詐欺などの被害に遭う、(b)ケータイを利用した犯罪に巻き込まれる、(c)高額な利用料金となる、(d)携帯電話依存により学習時間が減る、(e)有害情報に接する、(f)出会い系など有害サイトに関与してしまう、(g)交流サイトでのトラブル、(h)迷惑メールやチェーンメールが送られてくる等、さまざまなデメリットがある。

(1)　子どものスマートフォン利用に関連するリスク

　内閣府が平成 25 年（2013 年）7 月に実施した『子どもの安全に関する世論調査』[2] によると、子どもがスマートフォンを利用することについて、不安を「感じる」とする回答者が 71.9%（「感じる」46.4%・「どちらかといえば感じる」25.5%）、「変わらない」とする回答者がた者が 6.7%、「感じない」とする回答者が 13.5%（「どちらかといえば感じない」7.0%・「感じない」6.6%）であった[3]。

　具体的な不安の内容（図Ⅱ-1 参照）は、「インターネット上のウェブサイトやアプリを利用することにより、他者とのトラブルや犯罪被害に巻き込まれるおそれが高くなること」を挙げた回答者が 72.4%、「インターネット上で子どもに悪影響を与える情報を閲覧するおそれが高くなること」を挙げた回答者が 69.0% であった[4]。

　特に、子どもがコミュニティ・サイトを利用することについて、危険だと「思う」回答者が 80.0%（「思う」49.4% +「どちらかといえば思う」30.6%）、「思わない」回答者が 11.7%（「どちらかといえば思わない」7.6% +「思わな

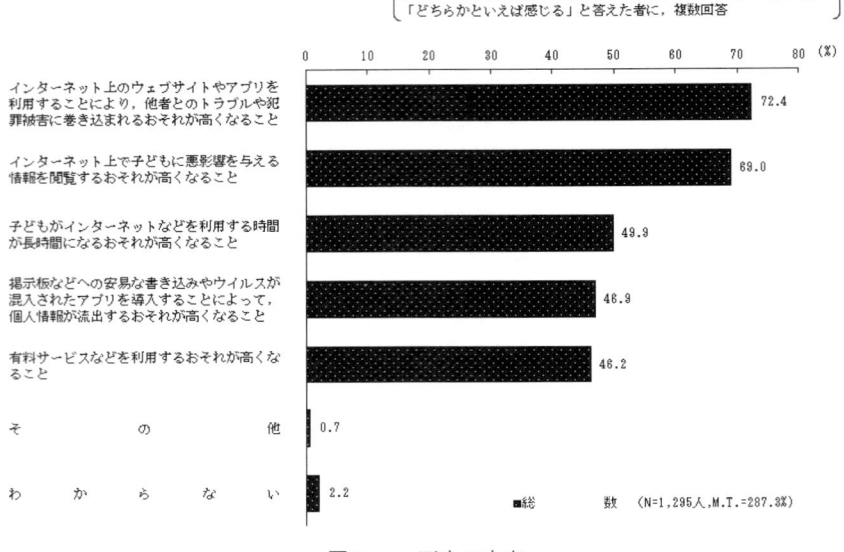

図Ⅱ-1　不安の内容

出所）内閣府『子どもの安全に関する世論調査』2013 年 7 月

い」4.1％）であった[5)]。

(2) 子どものケータイ・インターネット利用に関わるリスク対応

子どもがインターネットを利用するに当たって、どのような安全対策をとればよいかについて、内閣府『子どもの安全に関する世論調査』では次のような結果が示された。（図Ⅱ-2 参照）複数回答可の質問に対して、回答者の割合はそれぞれ「信頼できないサイトからはソフトウェアをパソコンに入れない」51.0％、「信頼できないサイトからはアプリをスマートフォンに入れない」46.5％、「目の届かないところでインターネットを利用させない」35.4％、「スマートフォンのフィルタリングの実施」33.6％、「パソコンにウイルス対策ソフトを導入し、最新の状態に維持する」33.3％、「パソコン用のフィルタリン

グの実施」31.6%、「スマートフォンにウイルス対策ソフトを導入し、最新の状態に維持する」29.2%、「わからない」14.4%であった[6]。

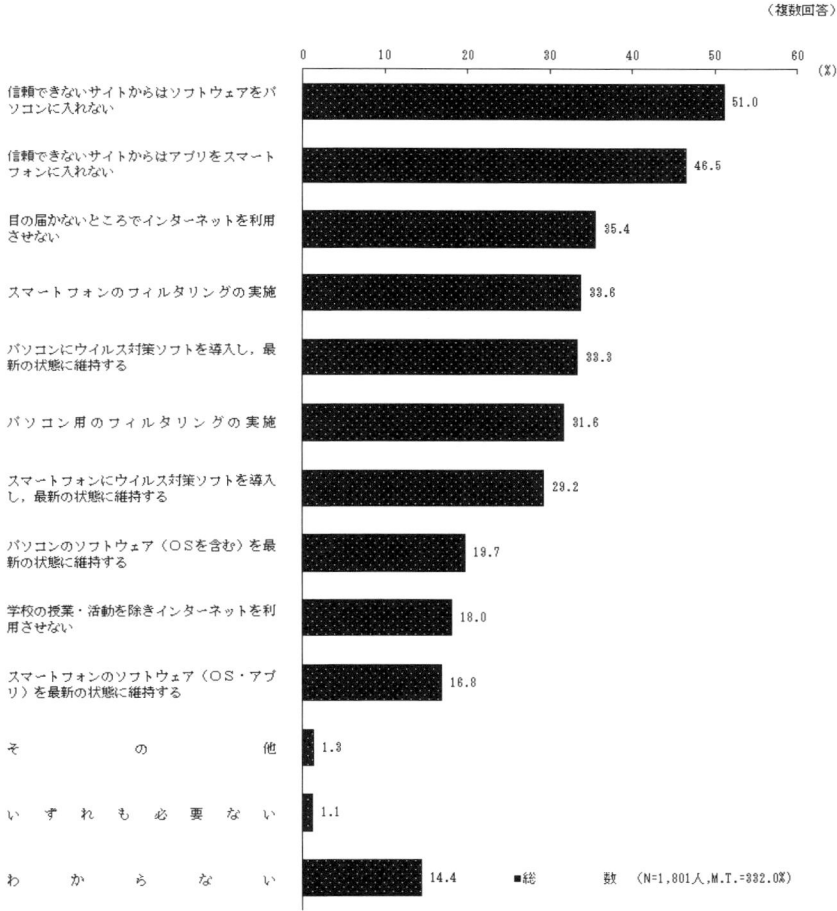

図Ⅱ-2　インターネット利用上の安全対策
出所）内閣府『子どもの安全に関する世論調査』2013 年 7 月

(3) 子どものケータイ・インターネット利用に関連した事件例

表Ⅱ-2

インターネットのチャットで知り合った小学生女子誘拐事件 　平成25年（2013年）3月、長野県の男性が、インターネットのチャットを通じて知り合った愛知県の小学5年生女児を誘い出し、愛知県から長野県の自宅まで連れ去った。未成年誘拐の疑いで逮捕。 **ラインで知り合った女子中学生淫行事件** 　2013年2月、山形県で、スマートフォンの無料通話アプリ「LINE（ライン）」で知り合った女子中学生に淫らな行為をしたとして、男性を逮捕。 **モバゲーで知り合った小学生への暴行事件** 　2007年10月、携帯電話専用の無料ゲームサイト「モバゲータウン」で知り合った小学生女児に対する強姦容疑で男性を逮捕。女児と男性はゲームサイトに自己プロフィールを書き込み、メールアドレスを交換していた。 **ブログで友人の非行を暴露した女子中学生が暴行された事件** 　2007年3月、東京都の女子中学生が、自分のブログに友人の非行についての記載をした。それを見て腹を立てた友人らが女子中学生を暴行した。少女3人書類送検。

出所）「ネット関連事件・犯罪」　http://www.angels-eyes.com/diarypro/angelkiji.cgi

3　児童虐待のリスク　—児童虐待の事件例

　子どもが死亡に至るなどの重大な児童虐待事件が年々増加している。内閣府『子ども・若者白書』によれば、平成23年（2011年）の全国の児童相談所における児童虐待に関する相談対応件数は59,919件であった。虐待の内容は、身体的虐待が36.6%、ネグレクトが31.5%、心理的虐待が29.5%、性的虐待が

2.4%であった。被虐待児の年齢は、3歳未満が19.2%、3歳から学齢前が24.0%、小学生が36.2%であった。

　警察が検挙した児童虐待事件も増加しており、平成24年（2012年）は476人の子どもが被害に遭い、死亡した子どもは32人に上った[7]。

　社会問題化している児童虐待は、映画などの芸術分野でも取り上げられている。

　是枝祐和（これえだひろかず）監督による2004年の映画『誰も知らない』は、1988年に発生した巣鴨・子ども置き去り事件をベースにした作品である。『誰も知らない』では、異なる男性との間に4人の子供を産んだ女性が、子供たちの出生届を出さず、学校に行かせない。最初はきちんと弟と妹たちの世話をしていた長男だったが、やがて部屋は悪友のたまり場になってしまう。劣悪な生活環境の中、幼い末の女の子が死亡してしまう。

　ロック・バンドのDIR EN GREYは、環境破壊、戦争、原爆、自殺、家庭内暴力、そして児童虐待など、社会の闇を取り上げて、独自の世界観を構築している。DIR EN GREYが2003年に発表した「かすみ」という曲は、母親によるネグレクトにより、死亡し畳の下に放置された女児を描いている。この曲は、発表以来、現在に至るまでライブで演奏されている。2013年4月に発表されたアルバム『The Unravelling』に収録されたアルバムと同名の曲のPVは、ゴミだらけになったマンションの1室で、母親に置き去りにされた幼い弟と姉の様子が写し出される。このPVの映像は、2010年に発覚した大阪市西区・育児放棄・2児餓死事件を想起させる。

　2013年には、この大阪市西区の事件を描いた緒方貴臣監督の映画『子宮に沈める』が公開された。

　児童虐待は、子ども本人、保護者、家庭、地域社会、学校、保護者の勤務する企業、行政に関わるソーシャル・リスクである。社会全体で連携して対応する必要がある。

　2013年12月に日本子ども家庭総合研究所の和田一郎・主任研究員が、児童

虐待の社会的コストを日本では初めて公表した。それによれば、児童虐待の社会的コストは、①虐待に対応する児童相談所や市町村の費用、保護された子どもが暮らす児童養護施設などの直接費用と②虐待の影響が長期的にもたらす生産性の低下などの間接費用の二つに分けられる。関節費用の詳細は、(a)自殺による損失、(b)精神疾患に関わる医療費、(c)学力低下による賃金への影響、(d)生活保護受給費、(e)反社会的な行為による社会の負担などである。和田主任研究員は、2012年度の日本における児童虐待の社会的コストを年間1兆6千万円と試算した。この内、直接費用が1千億円で、残る1兆5千億円が間接費用とした[8]。

表Ⅱ-3

巣鴨・子ども置き去り事件 　1988年に東京都豊島区で発覚した保護者責任事件。母親が4人の子どもを残して家を出て、育児放棄した事件。長男誕生後、母親は出生届を出さず。長女誕生。次男誕生するも生後間もなく死亡。遺体を室内に隠す。次女誕生。三女誕生。1987年、新しい恋人と同棲するために、母親が長男に兄弟の世話を任せて家を出る。母親は生活費を送金し、時々様子を見るために帰宅。自宅は長男の遊び友達の溜まり場と化す。1988年4月、長男の友達から暴行を受け三女が死亡。遺体は雑木林に埋められる。7月17日、「不良の溜まり場になっている」とのアパート大家の通報を受けた巣鴨署が部屋に立ち入り、子どもたちを保護し、白骨化した乳児（次男）を発見。7月23日、テレビの報道を見た母親が出頭。長男の証言から、三女が暴行死し、遺体は遺棄されたことが発覚。保護責任者遺棄致死罪で母親を逮捕・起訴。「懲役3年、執行猶予4年」の有罪判決[9]。 **奈良・長女薬殺未遂事件** 　2000年7月に発覚した奈良県奈良市の准看護師が、保険金目当てに、15歳の長女を薬殺しようとした事件[10]。

尼崎・児童虐待死事件

2001年8月13日に兵庫県尼崎市の運河に浮かぶゴミ袋から男児の遺体発見。小学1年生男児と判明。遺体には虐待の痕跡が数多くあった。翌日に母親と養父を逮捕[11]。

岸和田・中学生虐待事件

2004年1月に発覚した大阪府岸和田市の中学3年生の男子が餓死寸前まで虐待された事件。保護された時、身長155センチで体重は24キロであった。殺人未遂罪で父、継母に対して懲役14年の実刑判決[12]。

秋田・児童連続殺害事件

秋田県山本郡藤里町で、2006年4月10日に小学校4年生の女子が自宅から10キロ離れた川で水死体で発見。警察は事故死と判断。5月18日に被害女児の2軒隣に住む7歳の男児童が12km離れた川岸で遺体で発見された。警察は再捜査を始め、6月4日に女児の母親を逮捕[13]。

小野・冷蔵庫男児遺体事件

兵庫県小野市で、2007年7月、男性が、妻の前夫の長男（4歳）が泣きやまないことに立腹し、紐で縛って衣装ケースに入れて外出。8時間放置され長男は熱中死。男性と妻は、遺体を冷蔵庫に2年間放置。2009年に妻が警察に出頭して事件が発覚。死体遺棄罪で男性と妻を逮捕。男性が妻と男児を虐待していた事が判明[14]。

大阪市西淀川区女児虐待死事件

2009年4月7日、大阪市西淀川区の小学4年生の10歳女児が行方不明になったと、親から家出人捜索願が出される。大阪府警が捜査開始。女児の母親、同居男性、知人男性の3人を任意で事情聴取した結果、「ベランダで死んだので、遺体を奈良県に埋めた」と同居男性が供述。4月23日、供述に基づき、奈良県で遺体発見。3人を死体遺棄罪で逮捕。女児は母親と同居男性から日常的に虐待を受けていた。3月中旬以降は、ベランダに放置されることがあったことも判明[15]。

大阪市西区・育児放棄・2児餓死事件

2010年7月30日、大阪市西区のマンションで、「部屋から異臭がする」という通報を受けて駆けつけた警官が、3歳女児と1歳9ヶ月男児の遺体を発見。同日、2児の母親を死体遺棄容疑で逮捕。殺人容疑で再逮捕。「子どもの泣き声がする」という通報が児童相談所に何度かあったが発覚しなかった[16]。

4　学校への不審者侵入事件の例

表Ⅱ-4

京都市伏見区小学生殺害事件

1999年（平成11年）12月21日午後2時頃、京都市伏見区の京都市立日野小学校校庭で遊んでいた2年生の児童が、覆面をした若い男性にナイフで刺殺された。凶器の他に、犯行声明文書が残されていた。声明文書には、小学校を攻撃すること・小学校への恨み・捜索するなという要求が記され、「てるくはのる」という署名ととれる言葉が書かれていた。

翌2000年、捜査の結果、伏見区内に住む男性を犯人と確定し、捜査員は任意同行を求めた。しかし、犯人は隙を見て逃走、マンションの屋上に上がって、飛び降り自殺をした[17]。

大阪教育大学付属池田小学校無差別児童殺傷事件

2001年（平成13年）6月8日、大阪教育大学付属池田小学校に包丁を持った男が侵入。次々と児童を刺した。その結果、児童8名（1年生1名、2年生7名）が死亡、児童13名・教諭2名が負傷した。犯人は、その場で取り押さえられ、現行犯逮捕された。この事件をきっかけに、小学校の校門は基本的に登下校時間帯以外には閉じられるようになるなど、不審者侵入対策を中心に学校の危機管理を考える契機となった事件[18]。

宇治小学校児童傷害事件

平成15年（2003年）12月18日に京都府宇治市の宇治市立宇治小学校に刃物を持った男が乱入。1年生の男児2人が切りつけられて負傷。男は教員らに取り押さえられ、駆け付けた警察官によって現行犯逮捕。犯人は学校の近くに住む精神疾患者。事件当日、宇治小学校は工事中で校門が開放され、不審者侵入を通知するセンサーのスイッチも切られていた[19]。

伊丹市小学校侵入傷害事件

平成15年（2003年）12月19日、兵庫県伊丹市の桜台小学校に、授業参観のため学校を訪問していた保護者100人に紛れて、男が侵入した。男は校庭で6年生女児の頭を棒のようなもので殴って逃走した。桜台小学校に防犯カメラはなかった。安全対策マニュアルは、校門を閉鎖して、入口を1か所に集約することを規定していたが、当日は6か所の門のうち、閉鎖していたのは2か所だけだった。また警察への通報は事件発生後30分経過してからだった[20]。

練馬区小学校脱法ハーブ男侵入事件

2012年10月、練馬区立高松小学校に、脱法ハーブを吸った男が、校門を乗り越えて侵入。4年生の児童約40名を追いかけ回した。教員らが取り押さえ、駆けつけた警察官によって現行犯逮捕された[21]。

5　通学路等における幼児殺害事件の例

表Ⅱ-5

奈良女児誘拐殺人事件

平成16年（2004年）11月17日、奈良県奈良市学園大和田町で、富雄北小学校の1年生女児が、自宅近くで集団登下校の列を離れた後に行方不明となった。女児が車で近づいてきた男に声をかけられて車に乗ったことを別の女児に目撃されている。事件当日の夜に、女児の携帯電話を使い、「娘はもらった」というメールが母

親に送りつけられた。メールには女児と思われる写真が添付されていた。翌日、奈良県平群町の道路脇溝で女児の遺体が発見された。死因は水死。女児の携帯電話のGPS機能により、メールの発信地は5キロ圏内であることが判明した。

12月14日、母親に「次は妹をもらう」とのメールが送付された。携帯電話会社の通信記録を解析した結果、犯人の男性が逮捕された。犯人には、幼児への強制わいせつ罪で2度の逮捕歴があり、2度目は5年の刑に服していた[22]。

熊取町小4女児誘拐事件

平成15年（2003年）2003年5月20日、大阪府泉南郡熊取町の小学4年生の9歳女児が、社会科見学を終えて同級生3人と一緒に帰宅していた。自宅から560m離れた交差点で同級生3人と別れ、別の女児の自宅から400m離れた地点で目撃されたのを最後に行方不明となった。家族が学校に連絡し、付近住民も協力して捜索したが、現在に至るまで発見されていない[23]。

広島・小1女児殺害事件

平成17年（2005年）11月22日午後、下校途中の小学校1年生の7歳女児が行方不明となった。17時頃に路上に放置された段ボール箱の中から遺体となって発見された。死因は絞殺による窒息死。遺体には暴行の痕跡があった。広島県警海田署の捜査により、遺体が入れられた段ボール箱はガスコンロが入っていたもので、その購入歴より犯人が割り出された。その結果、事件現場近くに住む外国人男性が逮捕された。事件後、殺害現場である被告のアパートは、取り壊され駐車場となった[24]。

栃木県・小1女児殺害事件

2005年12月1日　栃木県今市市（現・日光市）の小学校に通う小学1年生の女児が、下校途中に行方不明。家族が駐在所に捜索願を提出した。捜索が開始されたが、発見に至らなかった。

12月2日　栃木県警が、公開捜査を開始。

自宅から60kmも離れた茨城県常陸大宮市の山林で、遺体が発見される。遺棄現場周辺は人通りが少なく、人目につかない場所であった。死体発見以降、胸を数カ

所刺されていたことなどから、栃木県警は殺人と断定、県境を跨いだことから茨城県警との合同捜査本部が設置され、捜査が開始された。女児のランドセルや衣服などの遺留品が見当たらず、捜索が行われたが、見つかったという報道はない。連れ去り現場・遺体遺棄現場周辺などでの聞き込みや、学校からの情報提供で、多くの不審者情報が寄せられたものの、有力な情報には乏しい。今市市から常陸大宮市へ至るルートにあたる国道293号や国道123号、日光宇都宮道路では、検問やコンビニエンスストア・ICの料金所の防犯カメラ・監視カメラの映像チェックなども行われたが、それらしい人物や車は撮影されていなかった。現在は特大のポスターはないものの女児のコラージュ写真は初代を除いて現在まで続いている。加えて犯人像が特定できない点や女児の遺留品が見つからない点から当時の服装をした女児の等身大パネルが日光市や常陸大宮市などの交番で多く見られる（パネルは指名手配者や加害者、行方不明者の捜索で使われることはあるが、すでに遺体が発見されている被害者を模することはまれである）[25]。

6 畑村洋太郎『危険な学校』より　学校を中心とする子どもの事故の例

表Ⅱ-6

杉並・小6転落死　屋上の採光窓破り

2008年6月18日午前9時25分ごろ、東京都杉並区和田の区立杉並第一小で、同小六年の男子児童が校舎屋上にあるドーム状のアクリル製採光用窓（厚さ4・5ミリ、高さ約70センチ、直径130センチ）を突き破り一階の床に転落、全身を強く打ち約4時間後に死亡した。調べなどによると、男子児童は算数担当の女性教諭の引率で、児童25人と「10メートル歩いて何歩になるか」をテーマにした授業を屋上で受けた。終了後、教諭が児童らを出入り口に誘導中、男子児童が採光用窓に乗り、ドームとその下のガラス製窓（厚さ約7ミリ）を突き破り、約12メートル下の一階多目的ホールの床に転落した。窓の下は吹き抜けで一階にいた教諭が発見した。事故当時は、算数の授業終了直後だったが、学校は児童らにドームに乗ることを禁じる指示は出していなかった[26]。

六歳児自動回転ドアに挟まれ死亡　東京・六本木ヒルズ

　2004年3月26日午前11時半ごろ、東京都港区六本木6丁目の大型複合施設「六本木ヒルズ」内の森タワー二階正面入り口で、男児（6歳）が自動回転ドアに挟まれた。
男児は近くにいた母親らに助け出されたが、頭を強く打っており間もなく死亡した[27]。

遅刻寸前校門に殺到、一年女生徒門扉にはさまれ死ぬ　神戸の県立高校

　1990年7月6日午前8時30分ごろ、兵庫県立神戸高塚高校で、登校の門限時間がきたため、担当教師が校門の鉄製門扉（高さ1・2メートル、高さ5メートル）を閉め始めたところ、登校中の生徒約30人がすき間に殺到した。一年生の女子生徒が、門扉と門柱に頭をはさまれ、病院に運ばれたが、同10時25分、死亡した。同校は、生徒指導の一つとして、毎朝8時30分に校門を閉めていた[28]。

校舎三階から小一が転落死　兵庫・篠山

　2010年6月2日午後4時5分ごろ、兵庫県篠山市の市立古市小学校から「校舎三階から子どもが落ちた」と119番通報があった。警察によると、一階校舎わきの土の上に一年生の女児が倒れ、病院で死亡が確認された。
同小はこの日は授業参観で、女児は授業後に三階の図書室で担任教師と保護者の懇談会の終了を複数の学年の児童計20人と待っていたところ、女児が図書室の窓の近くにある棚の上にのっていて、過って窓から落ちたとみている。窓は、床から高さ約1.2メートルのところにあった[29]。

小二男児、箱型ブランコで胸を強打し死亡　沖縄・宜野湾

　2003年7月24日午後3時35分ごろ、沖縄県宜野湾市大山の公園で、小学二年の男児が鉄製の箱型ブランコで遊んでいて、ブランコで胸を強く打ち、出血性ショックで死亡した。
警察署の調べでは、男児は、兄（11歳）と2人で、妹（5歳と）の友達3人を乗せたブランコを押して揺らしていた際、手を滑らせ転倒した。立ち上がろうとして、戻ってきたブランコで胸を強く打ったらしい。

「遊具の安全基準を求める市民の会」によると、箱型ブランコの事故は全国で後を絶たず、撤去の動きがある[30]。

7 子どもが関わる交通事故の例

表Ⅱ-7

亀岡市登校中児童ら交通事故死事件
　2012年（平成24年）4月23日に京都府亀岡市篠町の京都府道402号王子並河線で発生した交通事故である。亀岡市立安詳小学校へ登校中の児童と引率の保護者の列に軽自動車が突っ込み、計10人がはねられて3人が死亡、7人が重軽傷を負った。原因は遊び疲れと睡眠不足による居眠り運転であり、軽自動車を運転していた少年（18歳）は無免許運転であった。この事故では少年が危険運転致死傷罪にあたるかが争点となった[31]。

11歳男子の自転車加害事故で損害額9,500万円を認定し、母親に監督義務を果たしていなかったと賠償責任を認めた事例
　歩道と車道との区別ない道路を歩行中の62歳女子原告が、11歳男子Yが搭乗する対向被告自転車に正面衝突され、植物状態になったことから自賠責1級1号後遺障害を残す事案につき、Yは、「本件事故当時11歳の小学生であったから、未だ責任能力がなかった」といえ、原告に生じた損害については、「Yの唯一の親権者で、Yと同居してその監護に当たり、監督義務を負っていた被告母親が、民法714条1項により賠償責任を負う」とし、Yに対して、「被告母親による指導や注意が奏功していなかった」こと、すなわち、「自転車の運転に関する十分な指導や注意をしていたとはいえず、監督業務を果たしていなかった」として、被告母親に9,500万円の賠償責任を認めた[32]。

注記

1）奈良由美子『生活とリスクマネジメント』放送大学教育振興会、2011 年、p.46.
2）内閣府『子どもの安全に関する世論調査』平成 25 年（2013 年）7 月実施、
http://www8.cao.go.jp/survey/h25/h25-kodomo/index.html 2013 年 9 月 9 日
3）http://www8.cao.go.jp/survey/h25/h25-kodomo/zh/z05.html
4）http://www8.cao.go.jp/survey/h25/h25-kodomo/zh/z06.html
5）http://www8.cao.go.jp/survey/h25/h25-kodomo/zh/z07.html
6）http://www8.cao.go.jp/survey/h25/h25-kodomo/zh/z09.html
7）内閣府『平成 25 年版 子ども・若者白書』p.49-p.50.
8）「子どもの虐待 損失 1．6 兆円 国内初試算 少ない対策費用」『朝日新聞』2013 年 12 月 7 日夕刊。
9）「子ども置き去りの母を逮捕 愛人でき邪魔になった」『朝日新聞』1988 年 7 月 24 日朝刊；『ウィキペディア』「巣鴨子ども置き去り事件」に基づく。
10）「3 月にも殺害計画か 奈良・長女薬殺未遂容疑の母親」『朝日新聞』2000 年 7 月 17 日 夕刊；『ウィキペディア』「奈良長女薬殺未遂事件」に基づく。
11）「尼崎の運河でポリ袋に小 1 遺体 死後約 1 週間が経過」『朝日新聞』2001 年 8 月 14 日 朝刊；『ウィキペディア』「尼崎児童虐待死事件」に基づく。
12）「食事抜き 3 か月、15 歳長男昏睡 大阪・岸和田、父と継母を逮捕」『朝日新聞』2004 年 1 月 26 日朝刊；『ウィキペディア』「岸和田中学虐待事件」に基づく。
13）「娘失った母がなぜ 男児捜索、進んで参加 秋田小 1 事件」『朝日新聞』2006 年 6 月 5 日 朝刊；『ウィキペディア』「秋田児童連続殺害事件」に基づく。
14）「男児縛り衣装箱に 逮捕の母供述、冷蔵庫に遺体 兵庫・小野」『朝日新聞』2009 年 4 月 30 日 朝刊；『ウィキペディア』「小野市冷蔵庫男児遺体事件」に基づく。
15）「遺棄容疑で母親ら逮捕 内縁の夫「埋めた」供述 大阪・女児死亡」『朝日新聞』2009 年 4 月 2 日 朝刊；『ウィキペディア』「西淀川区女児虐待死事件」に基づく。
16）「2 児死亡、母を逮捕 死体遺棄容疑、「育児が嫌に」」『朝日新聞』2010 年 7 月 31 日朝刊；『ウィキペディア』「大阪 2 児餓死事件」に基づく。
17）「小 2、校庭で切られ死亡 若い男逃走、小学校に恨み？京都・伏見」『朝日新聞』1999 年 12 月 22 日 朝刊；「21 歳容疑者が自殺、任意同行を拒み飛び降り 京都・小 2 殺害」『朝日新聞』2000 年 2 月 6 日 朝刊；『ウィキペディア』「京都小学生殺害事件」に基づく。
18）「休憩時間、教室に惨劇 男、無言で包丁振り回す 大阪の児童殺傷」『朝日新聞』2001 年 6 月 8 日 夕刊；『ウィキペディア』「付属池田小事件」に基づく。
19）「青ざめる関係者 教頭ら取り押さえる 宇治小に刃物男乱入」『朝日新聞』2003 年

12月18日　夕刊；『ウィキペディア』「宇治小学校児童傷害事件」に基づく。
20)「兵庫・伊丹でも小学校に男侵入　校長「門、閉めていたが」『朝日新聞』2003年12月19日　夕刊；「犯される"聖域"(2)　狙われる「学校」⑤」
http://www.bunkyo.ac.jp/~koogenga/keebi/seiiki.htm
21)「小学校に侵入、容疑の男逮捕「脱法ハーブ吸った」東京・練馬」『朝日新聞』2012年10月23日　朝刊；『ソーシャルニュース』http://snsoku.net/news/758559
22)「下校時、何が起きた　奈良・女児誘拐殺害」『朝日新聞』2004年11月18日　夕刊；『ウィキペディア』「奈良小1女児殺害事件」に基づく。
23)「小4女児が行方不明に　大阪・熊取町　下校途中」『朝日新聞』2003年5月22日　朝刊；『ウィキペディア』「泉南郡熊取町小4女児誘拐事件」に基づく。
24)「女児殺され段ボールに　広島、下校途中の小1」「下校中の悲劇また　全国で対策進む中　広島・小1女子殺害」『朝日新聞』2005年11月23日　朝刊；『ウィキペディア』「広島小1女児殺害事件」に基づく。
25)「分かれ道「バイバイ」　1年生だけ集団下校の日　小1少女遺体で発見」『朝日新聞』2005年11月23日　朝刊；『ウィキペディア』「栃木小1女児殺害事件」に基づく。
26) 畑村洋太郎『危険な学校―わが子を学校で死なせないために―』潮出版、2011年、p.14.
27) 前掲書、p.46.
28) 前掲書、p.78.
29) 前掲書、p.102.
30) 前掲書、p.174.
31)「京都・亀岡、児童の列に車、3人重体、無免許の18歳逮捕、運転過失傷害容疑」『日本経済新聞』2012年4月23日　夕刊；『ウィキペディア』「亀岡市登校中児童ら交通事故死事件」に基づく。
32)『自保ジャーナル』No.1902（Sep.26. 2013）

クロスロード

あなたは小学1年生の親
時間に余裕のあるときは子どもの送り迎えをしますか？
ＹＥＳ or ＮＯ

ＹＥＳをめぐる状況：子どもが1人きりになるリスクをゼロにできる。
ＮＯをめぐる状況：仕事のあるときは無理。日本では送り迎えは一般的ではない。その代わりに地域の方が見守ってくれている。送り迎えは過保護である。親が送り迎えできない子との差ができてしまう。日本の小学校では高学年と低学年で終了時刻や下校時間が異なるので迎えに行きにくい。

第Ⅲ章　子どもの安全とソーシャル・リスクマネジメント
―子どもの安全に関わるリスク対応と施策―

亀　井　克　之

はじめに
1　国家の将来を担う宝を守るために
2　「青少年育成施策大綱」の策定
3　「子ども・若者育成支援推進法」の制定
4　「子供・若者育成支援推進法」に基づく大綱の策定
5　「いじめ防止対策推進法」の基本方針
おわりに

はじめに

　第Ⅱ章で見たように、子どもを取り巻くリスクには、さまざまなものがある。子どもに関わるリスクに対応するためには、保護者・家庭、学校、地域社会、企業、そして行政が連携する必要がある。社会的なリスクに、個人、家庭、学校、地域社会、企業、行政などのステークフォルダーが連携して対応することがソーシャル・リスクマネジメントである。子どもの安全確保・リスクマネジメント・危機管理の実現には、本人・保護者の努力に加えて、子どもを取り巻くステークフォルダーの連携が重要であり、それをリードするのが行政による施策である。

　本章では、内閣府『平成25年版　子ども・若者白書』の記述を中心にして、子どもの安全確保や育成支援のための政策について概観する。

1　国家の将来を担う宝を守るために

　国家の将来を担う子どもの健やかな成長は、国家のあり方に関わる重要な課題である。子どもや若者の育成を支援する施策は、家庭や学校、職場、地域社会を通じて、教育、福祉、保健、医療、矯正、更生保護、雇用などの幅広い分野にわたっている。したがって、施策を推進する際に、国・地方公共団体の機関や民間団体が連携し、総合性と計画性を確保していく必要がある[1]。

　子どもや若者の育成を支援する施策の精神は、内閣府『平成25年版　子ども・若者白書』冒頭に掲げられた内閣府特命担当大臣の言葉に示されている。

　　「日本の将来を担う子どもや若者は国の一番の宝です。
　　子供や若者が、健やかに成長し、将来の結婚や家庭に夢を持ち、そして円滑な社会生活と幸せな家庭生活を営むことができるよう、環境を整備し、支援することは、我が国の将来に大きく関わることであり、政府の重要課題の一つです。
　　現在、いじめ、体罰、児童虐待、有害情報の氾濫、若年者の自殺などの問題が深刻化し、子供たちの心と命が危機的な状況にあります。また、ニート、ひきこもりなど、社会生活を円滑に営む上での困難を有する若者が少なからず存在しています。さらに、東日本大震災で被災した子供や若者への支援を継続的に行うことが課題となっています。
　　政府は、子供・若者育成支援推進法に基づき、子供や若者一人ひとりが、健やかに成長し、社会との関わりを自覚しつつ、自立した個人としての自己を確立し、他者とともに次代の社会を担うことができるようになることを目指し、子供・若者育成支援施策を総合的に推進しています」
（内閣府特命担当大臣・森まさこ「子ども・若者白書の刊行に当たって」内閣府『平成25年版　子ども・若者白書』より）

2 「青少年育成施策大綱」の策定

　2000年代の後半より、従来より増加傾向に合ったニートやフリーターの数が高水準で推移したり、経済格差が拡大するなど、子どもや若者を取り巻くさまざまな問題が相互に影響を及ぼしあって複雑化した。同時に、技術革新により情報化社会がさらに進展した結果、情報の氾濫や伝達手段の多様化が子どもに及ぼす悪影響が顕著となってきた。
　このような社会的リスクに対応し、子どもや若者が健やかに成長していけるように、内閣府特命担当大臣（青少年育成）と有識者の懇談会や、子どもたちからの意見募集を経て、平成20（2008）年12月に「青少年育成施策大綱」が策定された。これは、平成20年12月12日に青少年育成推進本部において決定された[2]。

3 「子ども・若者育成支援推進法」の制定

　「青少年育成施策大綱」が策定された後も、児童虐待・いじめ・少年による重大事件などが発生し、有害情報が氾濫するなど、子どもや若者をめぐる状況には依然として厳しいものがある。関連分野における知見を総合して諸課題に対応していくことが必要であると考えられ、平成21（2009）年の第171国会に政府提出法案として青少年総合対策推進法案が提出された。この法案は衆議院における修正を経て、平成21年7月に「子ども・若者育成支援推進法」（平成21法71）として全会一致で可決、成立した。同法は平成22（2010）年4月1日に施行された。
　この「子ども・若者育成支援推進法」は、①国の本部組織の整備、②子ども・若者育成支援施策の推進を図るための大綱の策定、③地域における計画やワンストップ相談窓口といった枠組みの整備、④社会生活を円滑に営む上で困

難を有する子供や若者を支援するための地域ネットワーク整備を主な内容としている[3]。

4 「子供・若者育成支援推進法」に基づく大綱の策定

　平成22（2010）年4月1日に施行された「子ども・若者育成支援推進法」の第26条に基づいて、内閣府に「子ども・若者育成支援推進本部」が設置された。この本部の所掌事務は、大綱を作成し、実施を推進することなどにある。本部長は内閣総理大臣が務め、副本部長は内閣官房長官と青少年育成を担当する内閣府特命担当大臣が務める。本部員は国家公安委員会委員長、総務大臣、法務大臣、文部科学大臣、厚生労働大臣、経済産業大臣とそれら以外の国務大臣のうちから内閣総理大臣が指定する者である。

　「子ども・若者育成支援推進法」第8条は、子ども・若者育成支援推進本部が「大綱」を策定することを規定している。これに基づき、まず平成22年4月2日に開催された第1回の本部会議で「子ども・若者育成支援推進大綱の作成方針」が決定された。さらに、国民や地方公共団体からの意見募集などを経て、同年7月23日に、「子ども・若者育成支援推進法」法に基づく大綱として「子供・若者ビジョン」が決定された[4]。

　以上に示した「子ども・若者育成支援推進法」を軸とする施策について図Ⅲ-1に示す。また、過去10年間における子ども・若者育成支援に関係する法令・計画の動向を図Ⅲ-2に示す[5]。

5 「いじめ防止対策推進法」の基本方針

　それでは個別リスクへの対応施策の例として、いじめ対策の施策を見てみよう。

第Ⅲ章　子どもの安全とソーシャル・リスクマネジメント（亀井）

子ども・若者育成支援推進法について　H22.4.1施行

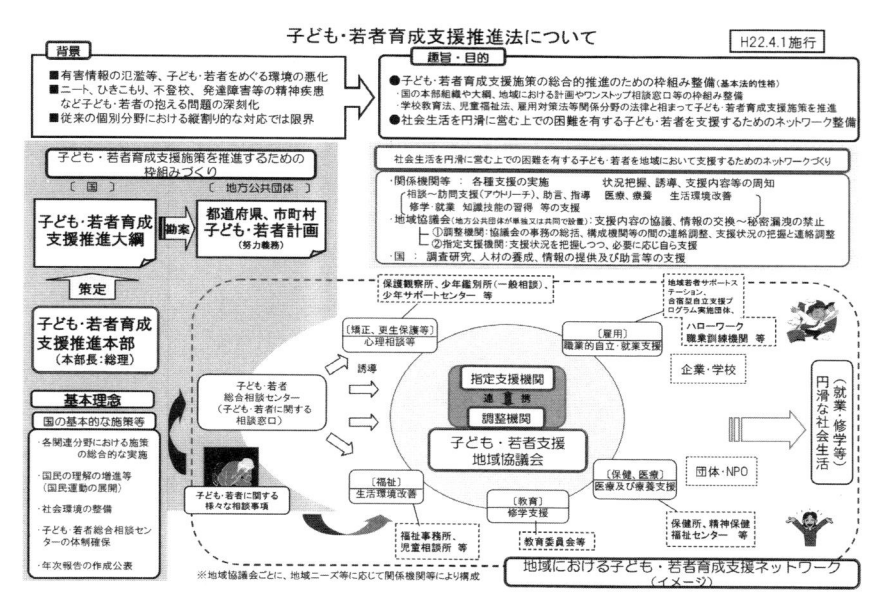

図Ⅲ-1　「子ども・若者育成支援推進法」の概要

出所）内閣府ホームページ（http://www8.cao.go.jp/youth/contents.html）

図Ⅲ-2

	健全育成・自立支援、成育環境、安全・問題行動に関する法律・計画
平成15年	若者自立・挑戦プラン（若者自立・挑戦戦略会議）　6月 次世代育成支援対策推進法　7月 少子化社会対策基本法　7月 薬物乱用防止新五か年戦略　7月 青少年育成施策大綱　12月
平成16年	若者自立・挑戦のためのアクションプラン　12月 育児休業、介護休業等　育児又は介護を行う労働者の福祉に関する法律改正　12月 少子化社会対策大綱　6月 子ども・子育て応援プラン　12月 発達障害者支援法　12月 児童買春・児童ポルノ法改正　6月

（41）

	人身取引対策行動計画　12月
平成17年	食育基本法　6月 若者自立・挑戦のためのアクションプランの強化　10月 労働時間等の設定に関する特別措置法　11月 障害者の雇用の促進等に関する法律改正　6月 犯罪から子供を守るための対策　12月
平成18年	食育推進基本計画　3月 教育基本法改正　12月 第8次勤労青少年福祉対策基本方針　10月 新しい少子化対策について　6月 バリアフリー新法　6月 子ども安全安心加速化プラン　6月 自殺対策基本法　6月
平成19年	学校教育法、教育職員免許法等関連法改正　6月 キャリア教育等推進プラン　5月 ワーク・ライフ・バランス憲章・行動指針　12月 「子供と家族を応援する日本」重点戦略　12月 児童福祉法及び児童虐待防止法改正　5月 少年法改正　6月 更生保護法　6月 自殺総合対策大綱　6月
平成20年	幼稚園教育要領、小・中学校学習指導要領改訂　3月 教育振興基本計画　7月 パートタイム労働法改正　4月 児童福祉法等の一部改正　11月 出会い系サイト規制法改正　5月 青少年が安全に安心してインターネットを利用できる環境の整備等に関する法律　6月 少年法改正　6月 自殺総合対策大綱一部改正　10月 自殺対策加速化プラン　10月 第三次薬物乱用防止五か年戦略　8月 青少年育成施策大綱　12月
平成21年	高等学校・特別支援学校学習指導要領改訂　3月 育児休業、介護休業等育児又は介護を行う労働者の福祉に関する法律および雇用保険法改正　7月

	青少年が安全に安心してインターネットを利用できるようにするための施策に関する基本的な計画　6月 人身取引対策行動計画2009　12月 自殺対策100日プラン　11月 子ども・若者育成支援推進法　7月
平成22年	ワーク・ライフ・バランス憲章・行動指針の新たな合意　6月 子ども・子育てビジョン　1月 いのちを守る自殺対策緊急プラン　2月 薬物乱用防止戦略加速化プラン　7月 児童ポルノ排除総合対策　7月 子ども・若者ビジョン　7月
平成23年	第2次食育推進基本計画　3月 第9次勤労青少年福祉対策基本方　4月
平成24年	青少年が安全に安心してインターネットを利用できるようにするための施策に関する基本的な計画（第2次）　7月 自殺総合対策大綱　8月

　第183回国会において「いじめ防止対策推進法」が成立し、平成25年（2013年）6月28日に平成25年法第71号として公布された。同法は平成25年9月28日に施行された。
　「いじめ防止対策推進法」の主旨は次の通りである。

　　「いじめが、いじめを受けた児童等の教育を受ける権利を著しく侵害し、その心身の健全な成長及び人格の形成に重大な影響を与えるのみならず、その生命又は身体に重大な危険を生じさせるおそれがあるものであることに鑑み、いじめの防止等のための対策を総合的かつ効果的に推進するため、いじめの防止等のための対策に関し、基本理念を定め、国及び地方公共団体等の責務を明らかにし、並びにいじめの防止等のための対策に関する基本的な方針の策定について定めるとともに、いじめの防止等のための対策の基本となる事項を定める」[6]

文部科学省は、「いじめ防止対策推進法」の第11条に基づいて、いじめの防止・いじめの早期発見・いじめへの対処のための対策を推進するための基本的な方針を策定し、平成25年10月11日に各都道府県の教育委員会に通知した。この「いじめ防止基本方針」に基づき、学校はいじめ防止の基本方針や組織を作っていく[7]。

　この基本方針の主旨は、①学校における組織的な取り組み、②発生時の迅速で公平な対応にある。以下は、「いじめ防止基本方針」および同時に策定された「学校における『いじめの防止』『早期発見』『いじめに対する措置』のポイント」の内容である。（表Ⅲ-1）[8]

表Ⅲ-1　「いじめ防止基本方針」の内容

【学校がすべきこと】
- 取り組みを定めた基本方針を作り、公開
- 対策の中核になる組織を設け、情報共有を図る
- 定期アンケートなどでいじめの早期発見に努める
- 犯罪行為の場合、警察と相談して対処する
- ネット上の不適切な書き込みは削除措置をとる
- いじめる子には適切な懲戒や出席停止制度の活用も

【自治体がすべきこと】
- 問題解決や調査を担う第三者機関の常設が望ましい
- ネットパトロールなどの取り組み支援
- 保護者向けの啓発や相談窓口の設置

【国がすべきこと】
- 道徳教育や体験活動の推進
- 防止対策に取り組む人材の確保
- 「24時間いじめ相談ダイヤル」など相談態勢の整備

【重大ないじめへの対処】
- 被害者側から申し立てがあれば、重大事案がおきたものとして対処する
- 調査は因果関係の特定を急がず、客観的事実を迅速に
- 調査組織は弁護士会や大学などの推薦を受けるなど、中立・公平を確保
- 調査は民事・刑事上の責任追及や訴訟などへの対応を直接の目的としない
- 学校は不都合な事実にも向き合おうとする姿勢が重要
- 被害者側に必要な情報を提供する責任を有する

おわりに

　本章で概観した施策の主旨はいずれも、子どもの安全と健やかな成長のために、社会的な連携と対応を促すものであった。これらは、社会的なリスクに、連携して対応するというソーシャル・リスクマネジメントのコンセプトを体現している。

　幼児虐待を例にとれば、リスクに対応するための社会的な連携の中心を担っているのが、「要保護児童対策地域競技会」（子どもを守る地域ネットワーク）である[9]。（図Ⅲ-3参照）子どもに関連したその他のリスク例でも同様の連携が推進されている。

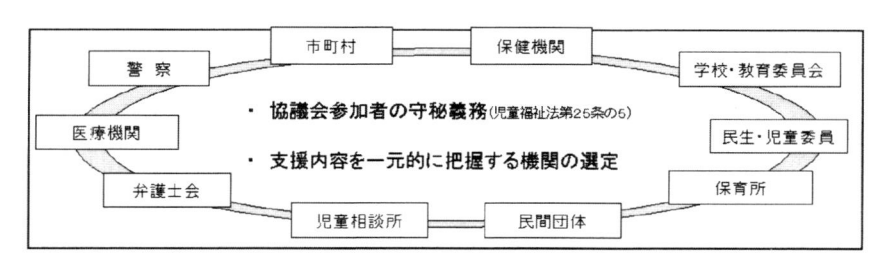

図Ⅲ-3　要保護児童対策地域協議会（子どもを守る地域ネットワーク）

出所）厚生労働省ホームページ（http://www.mhlw.go.jp/seisakunitsuite/bunya/kodomo/kodomo_kosodate/dv-jinshin/#youhogo）

注記

1）内閣府『平成25年版　子ども・若者白書』p.90
2）内閣府『平成25年版　子ども・若者白書』p.90
3）内閣府『平成25年版　子ども・若者白書』p.90
4）内閣府『平成25年版　子ども・若者白書』p.91.
5）内閣府『平成25年版　子ども・若者白書』p.91-p.92.
6）文部科学省のホームページより。

http://www.mext.go.jp/a_menu/shotou/seitoshidou/1337219.htm
7）文部科学省のホームページより。
   http://www.mext.go.jp/a_menu/shotou/seitoshidou/1340464.htm
8）「いじめ　問われる学校の力」『朝日新聞』2013年（平成25年）11月14日朝刊。
9）内閣府『平成25年版　子ども・若者白書』p.153.

第Ⅳ章　子どもを持つ生活者とリスクマネジメント

奈　良　由美子

はじめに
1　調査フレーム
2　子どもを持つ生活者のリスクへの認識
3　子どもを持つ生活者のリスクへの対処
おわりに

はじめに

　2011年3月11日、東日本大震災が発生した。大地震と巨大津波、さらに東京電力福島第一原子力発電所の事故によって、被災地は複合的で甚大なダメージを被ることとなってしまった。そして被災地のそとにあっても、日本列島に暮らす多くの生活者は自然災害と人為的災害への不安を抱くに至る。3.11という未曾有の大災害により、以前にも増して「リスク」や「安全・安心」についての議論が活発に行われるようになってきた。
　わたしたちが生きる現代はしばしば、リスクという概念を用いて特徴づけられ論じられる。また、「現代はリスク社会である」との記述を見聞きすることも増えてきた。この記述の妥当性を確信するに至るには、いくつかの観点が関わることになる。少なくとも以下の3つの観点が指摘できよう。
　まず第1に、リスクの客観的な状態という観点が関わる。この観点によれば、客観的にみて現代のリスクが質的あるいは量的に多様化あるいは増大化してい

るという事実があり、その様相をもって、「現代はリスク社会」とすることになる。第2に、リスクに対する主観的な状態についての観点も関わる。すなわち、客観的にはどうあれ、つまりたとえ物理的には危険要因が増えていないとしても、現代に生きるわたしたちがリスクに敏感になってきたり、リスクに対する不安が高まってきたりしているという状況をもって「現代はリスク社会」と記述することになるのがこの観点である。さらに第3には、リスクへの対処の状態の観点から「現代はリスク社会」とすることもあり得る。リスクを低減する必要性が大きいとされ、実際に具体的方策がとられ、その課題が議論される、このようなリスクに対する人間活動が盛んになることの社会的な実態をもって現代を特徴づける観点がこれである。この局面では具体的には、リスクマネジメントやリスクコミュニケーションが行われることとなる。そして実際には、これら3つの観点が複合的にあわさって、現代はリスク社会であるとされることが多い。

　重要な今日的課題であるとして、最近よく耳にする表現に「安全・安心の実現」というものもある。これを先述の3つの観点と対応させると、安全とはリスクの様相の局面において物理的にリスクがじゅうぶん小さくなった客観的状態のことを言い、安心とは認識の局面において心理的にリスクがじゅうぶんに小さいと感じる主観的状態である。そして安全・安心の実現とは、リスクの対処の局面において客観的な危険と主観的な不安をともに小さくすることを意味する。

　このようにわたしたちは、リスクの様相、認識、対処の局面の複合のなかで現代社会に生きている。このとき、現代社会にあってはリスク弱者と言われるひとたちがいる。高齢者や女性、身体の不自由なひと、また子どもといった属性がそれである。このような属性については、客観リスクの相対的に大きいこと、したがって対処の必要性も大きいことが指摘されている。加えて、リスク弱者自身が主観的にもリスクを大きく認知していることが観察されている。例えば、女性は男性よりも犯罪被害に遭うことを恐れ、高齢者の自然災害への不

第Ⅳ章　子どもを持つ生活者とリスクマネジメント（奈良）

安が大きい（Lagrange & Ferraro,1989；奈良、2011；コープこうべ・生協研究機構、1996など）。

　本稿では、リスク弱者とされる子どものいる家族に焦点を据える。子どもを持つ生活者が、どのようなリスクを不安に思い、実際にどのようにリスク対応をしているのか、その実態について東日本大震災の後に実施した社会調査データを用いて明らかにすることを目的とする。なお、本稿では同居する家族として、0歳から小学生以下の年齢の子どもを持つ生活者を対象としている。

1　調査フレーム

　子どもを持つひとを含め、生活者のリスクへの認識及び対処の実際を把握するため、質問紙を用いた調査（「日常生活の安全に関する意識調査」）を実施した。調査では、生活上起こりうるさまざまなリスク（地震、交通事故など19項目）について、それぞれに対する不安の程度、自分に発生する頻度・強度の認知の程度をたずねている。さらに、日常生活のなかで実践しているリスク対処の程度、手持ちの資源や価値観、安全・安心についての考え方や自助意識、また性別や年齢などの基本属性を把握する質問群で構成されている。

　調査フレームの詳細は以下のとおりである。調査期間：日本2012年2/20～3/13。調査対象：日本全国の20～69歳の男女。標本抽出方法：NOSパネルから性・年齢別人口構成比に合わせ無作為抽出。調査方法：郵送調査。有効回収票数：1,009。また、回答者全体の基本属性について、性別・年齢を次に示す。性別：女性54.6％、男性45.4％。年齢：20-29歳11.6％、30-39歳18.5％、40-49歳22.0％、50-59歳20.6％、60-69歳27.3％（平均年齢48.21歳）。

　このうち、同居家族に小学生以下の子どものいる回答者は261人（全体の25.9％）であった。内訳としては、女性54.8％・男性45.2％、平均年齢は40.39歳である。

　なお、小学生以下の子どもを持たない回答者748人の平均年齢は50.93歳、

（49）

女性54.4%・男性45.6%となっている。子どもの有無による性別の構成比に有意差はないが、年齢に関しては子ども有りの回答者で低くなっている。年齢カテゴリー別の分布を表Ⅳ-1に示す。また、同居する家族人数にも差があり、子ども有り回答者の平均値は4.57人、子ども無しの回答者は3.18人であった。世帯全体の年収は表Ⅳ-2のとおりである。居住地域（大都市中心部、大都市郊外、中小の市、町村）に子どもの有無別の差は見られなかった。

表Ⅳ-1 回答者の年齢（子どもの有無別） (%)

	20歳代	30歳代	40歳代	50歳代	60歳代	計
小学生以下の子ども無（n=748人）	11.9	10.2	17.9	25.9	34.1	100.0
小学生以下の子ども有（n=261人）	10.7	42.5	33.7	5.4	7.7	100.0

表Ⅳ-2 回答者の世帯全体年収（子どもの有無別） (%)

	300万円未満	300万円以上500万円未満	500万円以上750万円未満	750万円以上1,000万円未満	1,000万円以上	計
小学生以下の子ども無（n=748人）	16.5	28.8	22.2	15.8	16.7	100.0
小学生以下の子ども有（n=261人）	12.0	27.8	34.7	14.3	11.2	100.0

また、生活全般に関することがらとして、生活価値を以下の設問により把握した。「あなたが生活のなかで一番大切にしていることは何ですか」（次の16項目からひとつを選択：家族関係の安定、子どもの教育、老後の生活の充実、健康であること、収入や資産など経済的側面の充実、仕事に打ち込むこと、自然とのふれあい・共生、友人とのつきあい、地域のなかでのつきあい、信仰、社会的地位や名誉を高めること、趣味やレジャーを楽しむこと、社会的奉仕活動に参加すること、被服や耐久消費財の充実、住生活の充実、食生活の充実）。

その結果、子ども無の場合、回答の多いものから順に、1位：健康であること（45.7%）、2位：家族関係の安定（35.5%）、3位：老後生活の安定（4.0%）となっていた。子ども有の回答では上位2項目が逆転し、1位：家族関係の安定（60.1%）、2位：健康であること（20.6%）、3位は子どもの教育（8.1%）となっており、子どもが生活の組み立てにおける大きな要素とされていることがうかがえる。

　また、やはり生活全体に関わることがらとして、生活全般に対する満足の程度をたずねている。具体的には、「あなたは、現在のあなたのくらし全般についてどの程度満足していますか」との質問を設け、「十分に満足」を10点、「全く満足していない」を0点とした10点満点の点数で回答してもらった。その結果、子ども有・無の各グループの点数の平均値はいずれも6.9点であり、統計的な有意差も認められなかった。

2　子どもを持つ生活者のリスクへの認識

(1) リスクへの不安

　ここからは、回答者のなかでも子どもを持つ生活者について、リスクの認識を見ていく。調査では、地震や交通事故、収入減少、薬の副作用、原子力発電所事故、地球温暖化、インターネットでの個人情報流出、放射性物質による健康被害など、生活上に生じる可能性のある事象19項目について、不安の程度、起こりやすさ・ひどさの認知の程度について把握した。

　不安の程度については、各リスクについて「どのくらい不安を感じていますか」との質問をし、「非常に不安を感じる：6」から「まったく感じない：1」までの6段階によって回答を得ている。子ども有の生活者の回答結果を図Ⅳ-1に示す。

　図Ⅳ-1から、子どもを持つ生活者のさまざまなリスクに対して不安を抱いていることが分かる。地震や交通事故、病気・けが、収入減少への不安はとく

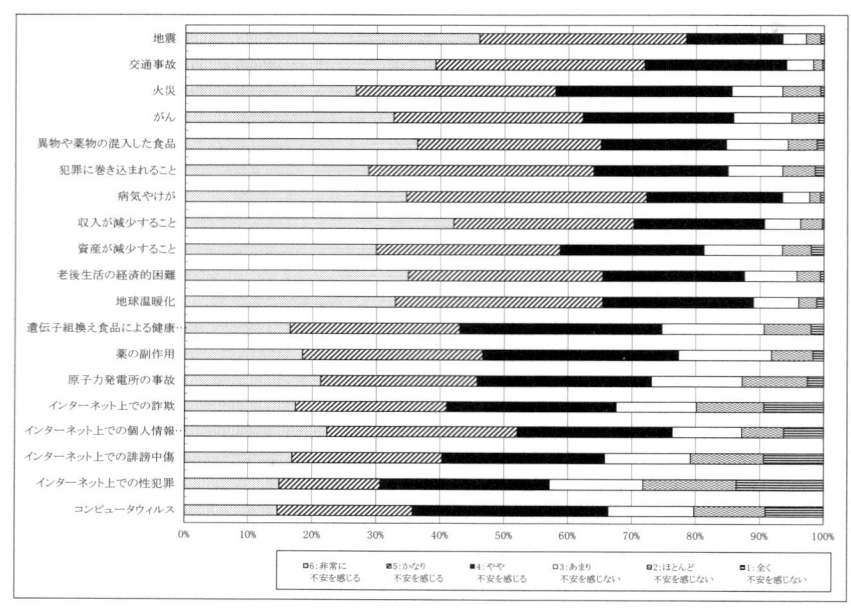

図Ⅳ-1　さまざまなリスクに対する不安の程度（子ども有の生活者）
出所）「日常生活の安全に対する意識調査」（奈良、2012）

に高い。また、原子力発電所の事故への不安も高い。

　これら19項目のリスク不安の回答について因子分析を行ったところ、4つの因子が得られている。それらは、第1因子：馴染みのある伝統的リスク（因子負荷量が0.4を超える項目として、地震、交通事故、火災、がん、異物や薬物の混入した食品、犯罪、病気・けが）、第2因子：科学技術が関わる人工環境リスク（同：地球温暖化、遺伝子組換え食品による健康被害、薬の副作用、原子力発電所の事故、放射性物質による健康被害）、第3因子：経済的リスク（収入が減少すること、資産が減少すること、老後生活の経済的困難、失業）、第4因子：インターネット上のリスク（同：インターネット上での詐欺、個人情報漏洩、コンピュータウィルス）である。異物や薬物の混入した食品については、第1因子の因子負荷量のほうが大きいものの（0.69）、第2因子につい

(52)

ての因子負荷量も 0.42 となっている。これは、混入物として天然由来のものと人工的なものとがあり得ることの現れであろう。なお、因子分析の結果に関しては、子ども無の回答者のデータからも同様の 4 つの因子が抽出された。

子どもの有無による不安の程度の差に関して、回答を数量化し（「非常に不安を感じる：6 点」から「全く不安を感じない：1 点」まで）、各リスク項目への回答の平均値を求め、そのうえで子どもの有無別による値の差を t 検定により比較した。その結果、とくに経済的リスクの項目（失業、収入減少）において子ども有の生活者の不安の程度が高い傾向が見られた。

(2) リスクの起こりやすさとひどさについての認知

リスクの起こりやすさおよびひどさの程度について、それぞれ次のような設問によって把握した。起こりやすさは「これらのリスクは、あなたにとって、どの程度起こると思いますか」との質問に対して「必ず起こる：6 点」から「絶対に起こらない：1 点」の 6 段階で、またひどさについては「これらのリスクが、実際あなたに起こった場合、あなた自身にどの程度の被害があると思いますか」に対して、「非常に大きな被害がある：6 点」から「全く被害はない：1 点」の 6 段階にて、それぞれ回答してもらった。

子どもを持つ生活者の回答について、その単純集計を概観すると、おこりやすさに関してはリスクによって認知に幅がある。いっぽう、ひどさに関しては 19 項目すべてにおいてかなり強く感じていることが分かる。具体的には、起こりやすさに対する回答が 6 点～4 点であった割合の合計、さらにひどさへの回答を 6 点～4 点とした割合の合計は、それぞれ次のとおりであった。地震（起こりやすさ 95.3％、ひどさ 95.8％）、交通事故（78.5％、96.6％）、火災（58.4％、96.5％）、がん（78.5％、95.8％）、異物や薬物の混入した食品（45.1％、90.0％）、犯罪に巻き込まれること（44.0％、95.0％）、病気やけが（90.2％、96.5％）、収入が減少すること（81.3％、94.3％）、資産が減少すること（76.9％、90.8％）、老後の生活での経済的困難（80.2％、94.3％）、地球温暖化（85.2％、82.4％）、遺伝子

組換え食品による健康被害（47.3%、80.8%）、薬の副作用（61.3%、85.0%）、原子力発電所の事故（66.0%、87.4%）、インターネット上での詐欺（49.8%、75.3%）、インターネット上での個人情報漏洩（56.1%、75.7%）、コンピュータウィルス（56.5%、70.3%）、失業（57.8%、87.4%）、放射性物質による健康被害（57.6%、87.0%）。

　各リスクについての回答を子どもの有無により比較したところ、起こりやすさの程度の認知については、子どもを持つ生活者で地震への認知が高いほかは、ほとんど有意差が見られなかった。いっぽう、ひどさの程度の認知については、地震、がん、食品異物混入、地球温暖化、遺伝子組換え食品、薬副作用の6項目をのぞいた13項目のリスク項目で、子ども有の値が子ども無の値よりも高いという結果になった。子どもについては一般に身体的脆弱性やリスクの将来的影響が懸念される。また、子ども自身のリスク対処能力は小さい。このようなことから、子どもを持つ生活者は、リスクの発生頻度の程度はどうあれ、いったんそのリスクが具現化した場合の結果を大きくとらえていると考えられる。

3　子どもを持つ生活者のリスクへの対処

(1)　日常生活のなかでのリスク対処の実際

　この節では、子どもを持つ生活者がリスクに対してどのような対処を行っているのかを見ていくこととしたい。

　調査では、リスクファイナンス（経済的準備）やリスクコントロール（健康管理、防災、防犯など）に関して、生活のなかで実施できる一般的なリスク低減行動24項目についての実施状況をたずねた。日常生活のなかでの実施の程度について、「かなり実施している：4点」「まあ実施している：3点」「あまり実施していない：2点」「まったく実施していない：1点」の選択肢のなかから回答を得ている。

　その結果、「かなり実施している」「まあ実施している」と回答したひとの割

合の合計は以下のとおりであった。経済的準備（不測の出費に備えて貯蓄している 59.0％、生命保険に加入している 89.7％、損害保険に加入している 69.3％、老後のことを考えて長期的な生活設計をたてている 35.6％）、健康管理（定期的に健康診断を受けている 66.2％、適度な運動や適切な内容の食事をしている 56.5％）、食品安全（食品を買うときには添加物や賞味期限などをチェックする 65.5％）、環境問題への対処（電気をこまめに消すなどエネルギーの無駄使いをしないようにしている 83.5％、資源ゴミはリサイクルに出す 79.3％）、交通安全（交通ルールを守る 96.2％）、防犯（窓やドアに2つ以上のカギをつけるなど自宅の防犯対策を強化している 35.6％、暗がりやひとけのない道は避けるなど犯罪に遭わないよう気をつけている 60.4％、家族で防犯について話し合っている 41.3％、隣近所・地域のひとと防犯について話し合っている 11.9％）、防災（災害時の避難場所や避難経路を確認している 48.8％、非常時用の水・食品などを準備している 39.2％、家族で、防災について話し合っている 46.9％、隣近所・地域のひとと、防災について話し合っている 12.3％）、インターネット対策（コンピュータのウィルス対策をしている 69.3％、インターネット上では個人情報をむやみに書かない 79.0％）、放射性物質への対処（放射線が人体に与える影響について情報を得る 54.4％、自分の地域の放射線量について確認する 22.0％、食品の産地を確認して購入・摂取する 57.0％、放射線について注意しようと家族で話し合う 24.3％）。

　これら日常生活のなかでのリスクマネジメントの実施状況について、子どもの有無で統計的な有意差があった項目は次のとおりであった。子ども有のグループの実施状況が良好な項目：生命保険への加入、ネット上個人情報への注意、コンピュータのウィルス対策。子ども有の実施状況が低調な項目：不測に備えて貯蓄、定期的に健康診断、適度・適切な運動と食事、老後の生活設計、近隣での防犯、近隣での防災。小学生以下の子どもがいる場合に、自分の死亡等による経済的損害に対する手当を継続的に行う必要性を強く認め、生命保険への加入に務めていることがうかがえる。いっぽう、防災や健康管理に関する

（55）

かなりの項目において、子ども有のグループの実施状況は芳しいとは言えない。

このことは、自らのリスク対処への評価にも影響を及ぼしているようである。調査では、リスクマネジメントの自己評価について次のような質問によって把握している。すなわち、「あなたは、防犯・防災を含めた不慮の出来事に対する家庭での備えや対策の効果について、総合的にどのように評価していますか」との問に対して、「十分に有効」を10点、「全く有効でない」を0点とした10点満点の点数で回答を得た。その結果、子どもを持つ生活者のリスクマネジメント自己評価得点の平均は4.70点であり、子ども無の平均値（4.94）より低い傾向が見られた。実際のリスク対処とリスクマネジメント評価との関連性については節をあらためて検討する。

(2) リスクマネジメントとコスト

日常生活のなかでリスクマネジメントを行うにはコストがかかる。ここでのコストは、財務的コストだけでなく、手間ひまをかけることや他者と役割分担や時間調整を行うといった非財務的コストも含まれる。これらのコストを捻出するため、生活者は自らの生活資源を動員することになる。いっぽう、リスクマネジメントは将来のリスクに備える活動である。リスクマネジメントにかかる資源動員の優先順位を、現在の平常時の生活課題遂行のためのそれよりも高く据えることは易しくはないだろう。

実際、子どもを持つ生活者について、年収の程度とリスクマネジメント実施の程度（リスク低減行動24項目の合計値）と関連を調べたところ、収入が低い場合にリスクマネジメントが低調であるとの弱い相関が観察された（相関係数 r = .177 p ＜ .01）。経済的資源の持ち合わせの程度が、リスクマネジメントへのコスト投入の程度に影響を与えていることがうかがえる。

では、対人的資源の量とリスク対処との関連はどうであろうか。調査では、8種類の相手（配偶者、親、子ども、きょうだい、その他の親戚、隣近所・地域のひと、職場のひと、その他の友だち）との助け合い関係について質問した。

回答選択肢は「助けられることのほうが多い」、「お互いに助け合う」、「助けることのほうが多い」、「助け合うほどのつきあいはない」、「該当者はいない」である。

ここで、近隣・地域のひとについて「助けられることのほうが多い」・「お互いに助け合う」を3点、「助けることのほうが多い」を2点、「助け合うほどのつきあいはない」・「該当者はいない」を1点として、リスク低減項目の「地域で防災」および「地域で防犯」の実施得点との関連をそれぞれ見たところ、当然の結果とも言えるが、地域から資源を多く受けているひとほど防犯（r = .329 p＜.001）・防災（r = .352 p＜.001）ともに良好であった。

また、受け取れる資源について8主体すべての合計を求め、その合計値とリスク低減行動24項目の合計値との相関を調べたところ、資源を多く受け取っているひとほどリスクマネジメントが良好であるとの結果となった（r=.188 p＜.01）。自分の世帯の手持ちの資源が少ないのであれば、隣近所・地域、友人など外からの資源を受け取れるような努力や工夫もまた、生活者がリスク対処を講じる過程にあって必要と言える。

(3) リスクマネジメントと不安

本節ではこれまでに、生活におけるリスクへの対処について見てきた。リスク対処は、安全・安心を得るため、換言すれば危険と不安を減らすために講じるものであった。ここで若干逆説的なことを述べたい。それは、生活リスクマネジメントにおいては、少しの不安はあってもよい、ということである。というのは、不安はリスクマネジメントの原動力となるからである。わたしたちが生活のなかでリスク低減行動をとる動機の根底には、リスクに対する不安がある。不安がないと、リスクを小さくする必要性は感じないし、したがって具体的なリスクマネジメントは始まらない。

実際、不安の程度はリスク低減行動と相関がある。たとえば犯罪リスクについて、犯罪不安が高いひとはさまざまな防犯行動を行いやすい傾向にあること

がこれまでの研究から分かってきている（Noris & Kaniasty, 1992 など）。

　また、自然災害リスクについても同様である。広瀬（1986; 2006）は、一般市民を対象としたアンケート調査の結果から、地震への不安が地震リスク低減行動につながると結論づけている。調査では、地震に対する危険度の認知、地震に対する不安の程度、そして地震防災の実施状況（家具の固定、非常持ち出し袋の準備など13項目）について質問をし、その回答から変数間の関連性を分析した。その結果、不安や危険度の認知が高まると、リスク低減行動が活性化することが明らかになった。

　著者の実施した調査でも、同様の結果が得られている。すなわち、生活上のリスクの頻度と強度の主観的認知および不安の程度と、そのリスクに対応した低減行動の実施状況とのあいだには、おおむね正の相関が見られる。個別のリスクについて、たとえば地震リスクを見てみると、地震の頻度や強度の主観的な認知が高まると、非常持出品の準備や家族での話し合い等の防災行動も良好になる（表IV-3）。犯罪リスクについても、犯罪不安が防犯行動に結びついていることが分かる（表IV-4）。この傾向は放射性物質による健康被害リスクに

表IV-3　地震リスクについての不安と防災行動との関連（順位相関係数）
（子ども有の生活者）

(n=259〜261)	地震への不安	地震の起こりやすさ	地震被害のひどさ	避難場所や避難経路の確認	非常時用の水・食品などの準備	家族で防災について話し合う	隣近所・地域で防災を話し合う
地震への不安	1.00	.400***	.397***	.239***	.331***	.226***	.153*
地震の起こりやすさ		1.00	.239***	.266***	.216**	.198**	.117
地震被害のひどさ			1.00	.066	.123*	.107	.050
避難場所や避難経路の確認				1.00	.460***	.570***	.444***
非常時用の水・食品などの準備					1.00	.513***	.353***
家族で防災について話し合う						1.00	.502***
隣近所・地域で防災を話し合う							1.00

*** p<.001　　** p<.01　　* p<.05

出所）「日常生活の安全に対する意識調査」（奈良、2012）

関してより顕著である。不安が高いことと対処行動とのあいだには正の相関が観察される（表Ⅳ-5）。また、健康不安と健康管理、食品不安と食品安全行動、

表Ⅳ-4　犯罪リスクについての不安と防犯行動との関連（順位相関係数）
（子ども有の生活者）

(n=256〜260)	犯罪への不安	犯罪の起こりやすさ	犯罪被害のひどさ	自宅の防犯対策	暗がりなどへの用心	家族で防犯について話し合う	隣近所・地域で防犯を話し合う
犯罪への不安	1.00	.345***	.183**	.152*	.274***	.149*	.076
犯罪の起こりやすさ		1.00	.188**	-.019	-.037	.033	.014
犯罪被害のひどさ			1.00	-.067	.019	.017	-.041
自宅の防犯対策				1.00	.416***	.306***	.263***
暗がりなどへの用心					1.00	.303***	.263***
家族で防犯について話し合う						1.00	.493***
隣近所・地域で防犯を話し合う							1.00

*** $p<.001$　　** $p<.01$　　* $p<.05$

出所）「日常生活の安全に対する意識調査」（奈良、2012）

表Ⅳ-5　放射性物質による健康被害リスクについての不安と対処行動との関連
（順位相関係数）（子ども有の生活者）

(n=253〜260)	放射性物質による健康被害への不安	放射性物質による健康被害の起こりやすさ	放射性物質による健康被害のひどさ	人体への影響について情報収集	自分の地域の放射線量を確認	産地を確認して食品購入・摂取	家族で放射線について話し合う
放射性物質による健康被害への不安	1.00	.448***	.365***	.371***	.336***	.397***	.435***
放射性物質による健康被害の起こりやすさ		1.00	.452***	.302***	.251***	.265***	.266***
放射性物質による健康被害のひどさ			1.00	.186**	.133*	.222***	.204**
人体への影響について情報収集				1.00	.503***	.335***	.485***
自分の地域の放射線量を確認					1.00	.404***	.570***
産地を確認して食品購入・摂取						1.00	.521***
家族で放射線について話し合う							1.00

*** $p<.001$　　** $p<.01$　　* $p<.05$

出所）「日常生活の安全に対する意識調査」（奈良、2012）

交通事故への不安と交通安全行動、環境問題と資源保全行動についても同様の傾向が認められている。

さらに、生活全般に対する満足の程度、リスクマネジメントの自己評価の得点、19項目の生活リスクへの不安の程度の合計、24項目の生活リスクマネジメント実施状況の合計との相関を調べた。その結果が表Ⅳ-6である。

表Ⅳ-6　不安、リスクマネジメント実施状況と自己評価、および生活満足度のあいだの関連（積率相関係数）（子ども有の生活者）

（n=239〜261）	生活リスクへの不安（19項目の合計）	生活リスクマネジメント実施得点（24項目の合計）	生活リスクマネジメント実施に対する自己評価得点	生活全般に対する満足度得点
生活リスクへの不安（19項目の合計）	1.000	.236***	.080	-.136*
生活リスクマネジメント実施得点（24項目の合計）		1.000	.511***	.241***
生活リスクマネジメント実施に対する自己評価得点			1.000	.274***
生活全般に対する満足度得点				1.000

*** p<.001　　* p<.05

出所）「日常生活の安全に対する意識調査」（奈良、2012）

表Ⅳ-6から、第1に生活リスクへの不安とリスクマネジメント実施とのあいだには正の相関があること、第2にリスクマネジメントを実際に行っていることは、それに対する自己評価を高めること、第3に生活リスクマネジメント評価得点と生活全体満足度得点のあいだには正の相関があり、自分の生活のなかで実際にリスク低減行動を行っていることは生活全体への満足度の高さにむすびついていることが見て取れる。

おわりに

本稿では子どもを持つ生活者のリスクへの認識と対処の実態について、質問

紙による調査データを用いて見てきた。その結果、子どもを持つ生活者の、生活上起こりうる19項目のリスクに対する不安は大きく、実際に起こった場合のひどさについても強く感じていた。いっぽうで、リスクへの対処としての具体的な低減行動は必ずしも良好とは言えず、リスクマネジメント自己評価も低い得点にとどまっていた。

　さらに調査結果からは、リスクを強く認識していながら対処が伴っていないことの要因のひとつに、手持ち資源のゆとりのなさが関係していることがうかがえた。子どもを持つ生活者の基本属性としては、相対的に若く、また収入も低いという特徴がある。日々の生活に追われ、リスクマネジメントにまで手が回らない姿が浮かび上がる。

　これらの調査結果は、子どもを持つ層への、生活リスクマネジメント支援の必要性を示唆するものと言えよう。従来から、例えば高齢者はリスク弱者として社会による支援の必要性が言われ、実際に対処も講じられてきている。子どもも同様に社会により守られるべき存在として扱われているが、その支援は子ども本人だけでなく家族にも向かうべきである。ここでの支援とは、国や自治体によるフォーマルな支援だけでなく、地域・近隣によるインフォーマルな支援を含む。本稿では、地域での助け合いが個人のリスクマネジメントを促進することをすでに見た。助け合える関係性が地域にあることが、子どもを持つ生活者の安全と安心を高めることに資するであろう。

参考文献

亀井利明・亀井克之『リスクマネジメント総論（増補版）』同文舘出版、2009
広瀬弘忠（1986）『巨大地震－予知とその影響』東京大学出版会
広瀬弘忠（2006）『無防備な日本人』筑摩書房
コープこうべ・生協研究機構『震災後の暮らしの変化と助け合い：阪神大震災組合員調査・中間報告』、1996
Lagrange, R.L. & Ferraro, K.F.（1989）Assessing age and gender differences in perceived risk and crime, *Criminology*, **27(4)**, 697-719.
Noris, F.H. & Kaniasty, K.（1992）A Longitudinal study on the effects of various crime

prevention strategies on criminal victimization, fear of crime, and psychological distress, *American Journal of Community Psychology*, **20(5)**, 625-648.
奈良由美子『生活リスクマネジメント』放送大学教育振興会、2011

第Ⅳ章　子どもを持つ生活者とリスクマネジメント（奈良）

クロスロード

1.
あなたは小学4年生の子どもを持つ親。南海トラフ巨大地震が発生すると30分で津波が到達すると試算される太平洋沿岸に住んでいる。平日の午前11時、大地震が発生。学校にいる子どものことが心配だが、家族防災会議では「地震が来たら、家族を捜したり待ったりしないで、それぞれがすぐに高台にある避難所に逃げること」と決めてある。あなたは学校に寄らないで高台の避難所に直接逃げる？
YES or NO

2.
あなたは4歳と8歳、12歳の子どもを持つ母親。家計は楽ではないが、子どもが日に日に成長してゆくことが何よりも嬉しい。土用の丑の日に子どもたちにうなぎを食べさせようとスーパーに買い物に出かける。すると、外国産のうなぎが特売に。しかしインターネットの個人のブログで、外国産うなぎは危険だと書かれていたのを見たことがあって、気になる。あなたは外国産のうなぎを買う？
YES or NO

3.
あなたは5歳と10歳の子どもを持つ父親。仕事はとても忙しいが順調であり、次のプロジェクトを成功させれば昇進できる可能性も高い。最近、地域で不審者が出没。子どもも妻も不安がっている。そこに、「地域で自主防犯組織を立ち上げるので是非参加してほしい」との依頼。参加したいが、休日だけでなく平日にも動員がかかり、相当な負担になりそう。あなたは自主防犯組織に参加する？
YES or NO

(63)

第Ⅴ章　子どものインターネット利用におけるリスクとゲーム形式を用いたメディア・リテラシー実践の可能性

岡　田　朋　之

1　子どものネット・コミュニケーションをめぐる諸問題
2　ゲーム形式による実践の導入
3　実践事例
4　実践からの発展的な試み
5　まとめと課題

1　子どものネット・コミュニケーションをめぐる諸問題

　情報社会におけるメディア利用が高度化する中で、子どもたちのあいだでの携帯電話の普及が進み、パソコンや携帯電話からのインターネット利用がすっかり日常化している。内閣府が 2012 年 11 月に実施した調査によれば、携帯電話を所有しているのは小学校高学年で 24.1％、中学生で 46.2％、高校生では 97.6％に達する。また同じ調査でパソコンからのインターネット利用は小学校高学年で 94.5％、中学生で 96.1％、高校生では 98.2％におよんでいる（図Ⅴ-1、図Ⅴ-2；内閣府　2013）。
　こうした子どもたちは同時に、さまざまな問題に直面している。たとえば先の内閣府の調査では、「チェーンメールが送られてきたことがある」24.1％、「自分が知らない人やお店などからメールが来たことがある」11.2％、「インターネットにのめり込んで勉強に集中できなかったり、睡眠不足になったりし

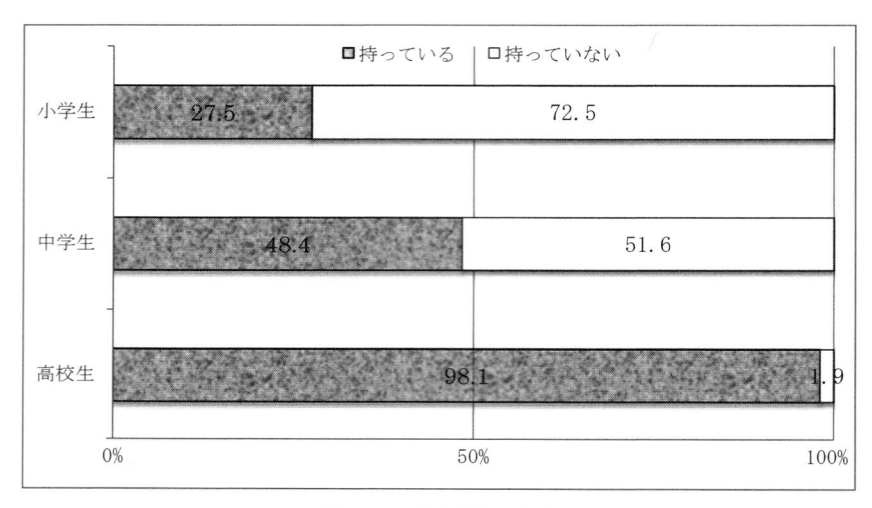

	持っている	持っていない
小学生	27.5	72.5
中学生	48.4	51.6
高校生	98.1	1.9

図V-1　携帯電話の所有

出典）内閣府、2013「平成24年度　青少年のインターネット利用環境実態調査報告書」

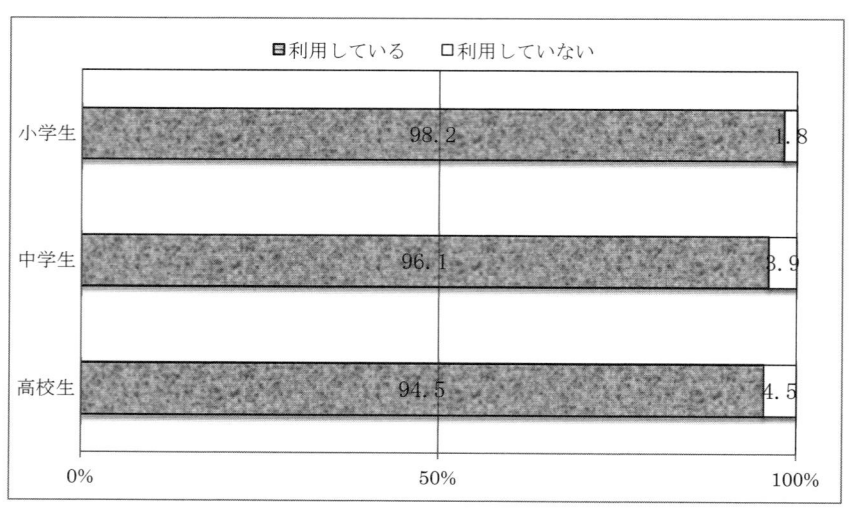

	利用している	利用していない
小学生	98.2	1.8
中学生	96.1	3.9
高校生	94.5	4.5

図V-2　パソコンおよび携帯電話からのインターネットの利用

出典）内閣府、2013「平成24年度　青少年のインターネット利用環境実態調査報告書」

第Ⅴ章　子どものインターネット利用におけるリスクとゲーム形式を用いたメディア・リテラシー実践の可能性(岡田)

項目	%
チェーンメールが送られてきたことがある	24.1
自分が知らない人や、お店などからメールが来たことがある	11.2
インターネットにのめりこんで勉強に集中できなかったり、睡眠不足に…	9.8
SNSサイトやゲームサイトで知り合った人とやりとりしたことがある	6.1
チェーンメールを転送したことがある	3.9
悪口やいやがらせのメールを送られたり、書き込みをされたことがある	2.4
親に話しにくいサイトを見たことがある	2.2
SNSサイトなどに自分や他人の情報(名前や写真、メールアドレスな…	1.9
サイトにアクセスしてお金を請求され困ったことがある	1.6
SNSサイトやゲームサイトで知り合った人と会ったことがある	1.1
インターネット上の人間関係で悩んだことがある	0.8
プライバシーを侵害したり、差別的な内容が掲載されているサイトにア…	0.5
その他	0.1
悪口やいやがらせのメールを送ったり、書き込みしたことがある	0.1
あてはまるものはない	65.5
わからない	0.6

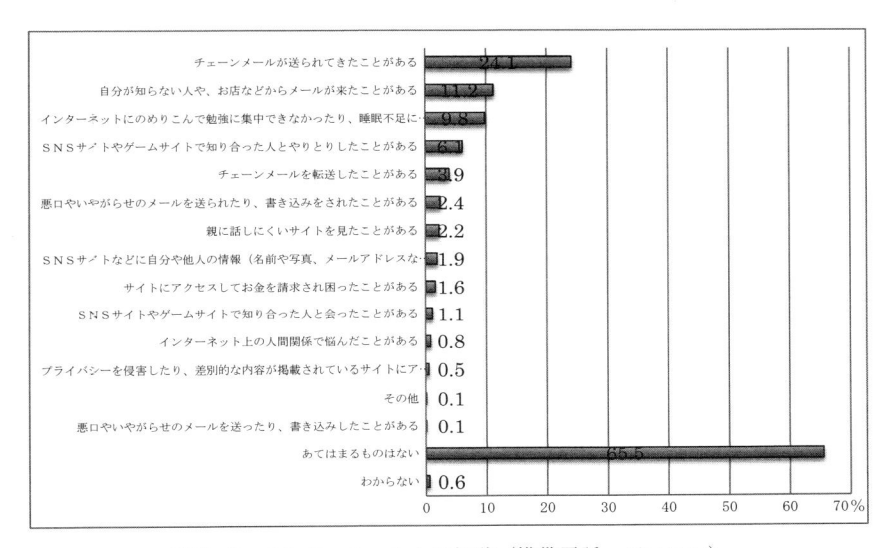

図Ⅴ-3　インターネット上の経験（携帯電話・パソコン）

出典）内閣府、2013「平成24年度　青少年のインターネット利用環境実態調査報告書」

たことがある」9.8％、といっただけでなく、「悪口やいやがらせのメールを送られたり、書き込みをされたことがある」2.4％、「サイトにアクセスしてお金を請求され困ったことがある」1.6％、など件数としては少ないものの、ネットいじめや架空請求などの犯罪につながるようなケースも生じている（図Ⅴ-3；内閣府、2013）。とりわけネットいじめの場合などは自殺者が出るケースもあり、ネット上での見知らぬ相手とのやりとりや、実際に会う中での問題が起こることも少なくない。

　こうしたインターネット利用におけるトラブルを、総務省は「書き込みやメールでの誹謗中傷やいじめ」「ウイルスの侵入や個人情報の流出」「ショッピングサイト等からの思いがけない代金の請求や詐取」「著作権法等の違反」「誘い出しによる性的被害や暴力行為」「ソーシャルゲーム等の中毒性がもたらす悪影響」「犯行予告等」という7つに分類し、予防や対処の方法として、イン

(67)

ターネットの特性について理解を深めることや、基本的なモラルを身に付けること、子どもと保護者がよく話し合い、仕様にあたってのルールを決めたり、フィルタリングや機能制限をうまく利用したりしていくことを呼びかけている（総務省　2013a）（総務省　2013b）。

一方、ネットいじめのさまざまな事例を取材するジャーナリストの渡辺真由子は、サイトの法的規制やフィルタリングによるアクセス制限の限界を訴えるとともに、「ネットリテラシー」を子どもが身につけることの必要性を説き、大人も同様にインターネットや携帯電話に関するメディア・リテラシーを高めていかなければならない（渡辺　2008、同　2010）とする。

各自治体の教育委員会でも、2000年代半ばからはネット利用や携帯電話に関する実態調査やそれに対する具体的な提言がおこなわれてきている。たとえば大阪府教育委員会では2008年に小中学校への携帯電話持込禁止と、高校での携帯電話使用禁止という措置がとられたが、あわせて「対処方法等の指導プログラム（マニュアル）を活用した児童生徒への効果的な指導の推進」が提言された（大阪府教育委員会　2008）。

また、筆者自身も兵庫県教育委員会の実態調査に関わったが、その報告の中では以下の点が指摘される。

> 「家庭と連携を図りながら取り組むことが求められる。入学説明会や懇談会など保護者が参加する機会に、子どもたちのインターネットや携帯電話への付き合い方や問題が起こったときの対応について学べる研修を設けたり、定期的に学校便りで周知したりするなど積極的に啓発することが大切である」

> 「子どもたちや保護者への学習の機会を提供するために、メディアリテラシー育成教室を開催するなど、学校や教育委員会だけでなく様々な関係機関が多方面から支援することが必要である。」（兵庫県教育委員会　2008）

このように、ケータイやネットに子どもたちがふれる中で直面するさまざまな問題に対して、これまでしばしば携帯電話を持たせない、あるいは学校に携帯電話を持ち込ませない、といった隔離的な施策がとられてきた。筆者はこれらの対応について、「対感染症的」なおこないであるとして、繰り返し批判してきた（岡田　2012、241～242ページ）。こうした問題は、その原因と考えられる要素が多種多様であるため、単独の施策が特効薬のように効果を上げることが難しい。それより求められているのは、むしろがんや生活習慣病に対するときのように、日常的なリスクをいかに下げていくかというアプローチなのである。このような観点のもとで、児童生徒とその保護者を巻き込んだメディアリテラシーの向上や啓発に向けての活動を、リスク・コミュニケーションの枠組で位置づけなおすことが可能となる。本章はそうした実践の中でも、一定の効果をもたらしうる方法として、「クロスロード」と呼ばれるゲーム形式のワークショップを活用することの可能性について検討をおこなうものである。

2　ゲーム形式による実践の導入

　「クロスロード」は矢守克也らが防災についての学習、啓発のためのツールとして開発をおこなってきたゲームである。その目的は「災害対応を自らの問題として考え、またさまざまな意見や価値観を参加者同士共有すること」にあるとされる（矢守他　2005、64ページ）。

　英語の原義で分岐点を意味する「クロスロード」は、現実の災害対応で決断の際に極度のジレンマに立たされる自治体担当者の経験を追体験し、各々のプレイヤーが判断を下すことで進行する。1995年の阪神淡路大震災の実際のエピソードに基づいた問題カードを順に読み上げ、参加者はそれに対して一斉に「Yes」か「No」のカードのいずれかを提示する。多数派だったプレイヤーはポイントを獲得し、なぜその選択をおこなったかをディスカッションしてゲームは一巡、これを繰り返したのち、最後にゲームの振り返りをおこなうという

ものである。

　問題カードにとりあげられた題材は、膨大なインタヴューデータによって裏付けられた調査が基礎になっている。それらひとつひとつのエピソードの中には当事者の各々の局面での決断があったと同時に、その時の当事者自身のとりえたオルタナティヴについての思いが語られているという（矢守他　2005、45ページ）。このことから、提示される問題には「最適解（正解）はない」というのが結論であり、「クロスロードによってわれわれが学んでいるものは、その問題の正解ではない。カードによって提示される、問題の背後にある構造を学んでいる」とされている（吉川他　2009、14ページ）

　矢守は、防災というリスクに対応する道具として、耐震建築や計測機器などのハードとしての道具と、ソフトとしての道具に分け、そのソフトとしての道具も、専門家が作成するハザードマップや防災マニュアルなどの「鳥瞰図的な道具」と、ローカルな場で実践的に展開されるべき道具の二つに分類した。この３つ目の道具の一つとなり得るのが、ゲームであるとする。

　また、ローカルな場での課題には、普遍的に通用する真理、すなわち正解が存在せず、当事者たちが各地域のローカルな事情や自分たちの価値観を踏まえて、ローカルな「合意」を協働で形成することによって問題が解消されるという（矢守他　2005）。すなわち、遭遇するケースによってさまざまな対応が考えられるが、そのプロセスを構造化するのがクロスロード・ゲームの役割であるということになる。

　この「クロスロード」の利点として挙げられているのが、ゲームの構造がシンプルなため、さまざまなコンテンツを入れることによって、多様な分野に応用できる汎用性の高い形式となっている点である。防災ゲームの他にも「感染症編」「食品安全編」など、クロスロードの形式によるゲームが作られている（吉川他　2009）。

　そこで、子どもとインターネットや携帯電話をめぐる問題についてもこのシステムの適用が可能かどうかを検討してみると、前節でふれたようにこうした

問題は、リスク・コミュニケーションとしての実践になじみやすいことから、充分応用は可能であることが明らかである。

今回問題カードの内容となる「意志決定ステートメント」は、筆者の取材した事例のほか、情報モラル教材の題材となっている問題などを参考に作成した。作成に当たっては矢守が提示しているような(a)意志決定者の立場・役職の特定、(b)意志決定の状況を描写する本体部分、そして(c)そこで採択可能な、互いにトレードオフの関係にある２つの行動選択肢という要素から構成をおこなうようにした（矢守他　2005、48～50ページ）。

3　実践事例

インターネット／携帯電話利用に関するトラブルへの対処について、クロスロードによるゲーミングを取り入れた実践を、筆者は2011年2月以降何度か実施してきた。その中から以下では4つの事例を紹介し、それぞれでどのような設問のステートメントを提示し、どのような反響があったかを見ていくこととしよう。

(事例1)　2011年2月12日　大阪府東大阪市自治体関連団体主催講座
参加者20名（主催者側スタッフ含む）

自治体の啓発講座の中で、一部時間を割いてゲーミングのテストをおこなった。比較的高齢の参加者が多く、また全員女性であった。

この回が最初の実践の試みであったが、次のような問題を用意した。

問題1：
あなたは：幼稚園児の母親
内容：ある日、携帯電話に次のようなメッセージが回ってきました。（図V-4参照）

> 件名 Fw: 弟の奥さんからのニュースよ
>
> **転送元のメール**
> 防犯メールが回ってきたので送ります。
> 怖い世の中ですね😱
> 五條のSATYや南大阪のヨーカドーで幼児をトイレに連れ込みイタズラをする事件が相次いでるみたい😠男の子はお尻からボールペンを入れられ女の子はもっと酷くて😠3歳で子宮全摘出…口には粘着テープをされていたらしい…
> 💦😢
> ママと買い物していて子供だけ男子トイレ🚻に入った時やママと別の個室に入って1人出たところを狙われたらしい…😠もし子供だけでトイレに行かせてるなら気をつけてあげて下さい！橋本、南大阪は警察が警戒中らしいから他の地域が心配ですとのこと…兵庫県高砂市や加古川市の大型スーパーのトイレ個室でも性的暴行の被害にあった小学高学年の児童もいるようです。一人でトイレができるからと、行かせるでしょうが、一人でトイレに行かせられない世の中になってきたのかと思うのは悲しいね(ToT)子供いる友達とかに送って皆で子供を守ろう！できるだけこのメールを広げて下さい。
>
> 図V-4　ケータイメールのサンプル（筆者作成）
>
> あなたはこれを知人に転送しますか？　→ Yes / No

解説：これは以前に筆者の知人が実際に受けとったメールのほぼそのままである。受けとった人は、チェーンメールだということに気付いて転送しなかったのだが、このセッションでは「Yes」と「No」はそれほど回答がどちらかに片寄ることはなかった。「Yes」を選択した人がその理由として挙げていたのは、「デマかもしれないが、一応情報として知らせておく」ためというものであった。

> 問題2：
> あなたは：30代後半の既婚女性
> 内容：長年結婚願望があったが縁に恵まれなかった親しい女友達に彼氏ができた。ただ、よくよく話を聞くとネット上で知り合ったのだとかで心配である。
> 本人は当然結婚が前提というが……。

第Ⅴ章　子どものインターネット利用におけるリスクとゲーム形式を用いたメディア・リテラシー実践の可能性(岡田)

> 考え直すように諭す？　→ Yes / No

解説：これは出会い系サイトだけに限らず、さまざまなネット上での出会いからトラブルに遭うケースが子どもたちを中心に発生している。とりあえず年齢設定を30代後半としてみたが、やはりいい年をした大人なので、「自己責任で」、という声もあり、あまり否定的な意見は見られなかった。

> 問題3
> あなたは：某有名スポーツ選手
> 内容：八百長疑惑が持ち上がり、競技団体の理事会から携帯電話本体の提出を求められた。でも自分自身は一切八百長行為には関わっておらず、潔白である。
> 　携帯電話を提出しますか？　→ Yes / No

解説：ちょうど大相撲の八百長問題が報道されて話題になっていた時期であったため、おまけ的に作った問題である。端末提出の義務があるかどうかが論点となったが、意見は意外に分かれた。

実践参加後の受講者から、次のような感想が寄せられた。

「ゲームで一つのてーま（原文ママ）で一人一人の違いの考えがあるのだとつくづく思いました。視点を考えさせてもらいたいへん良かったと思います」（60代女性）

「ゲームで色々判断を出すところで各個人のポジションが自分で知ることが出来おもしろかった。時代によって背景が変わることでメディアが変わっていくことをおもしろく学べました」（60代女性）

(73)

「ワークショップ（ゲーム）をしながら、具体的な身近な事をいろいろ考えさせていただきました。小グループで気軽に話し合えたことがよかったです。情報、特にITの発達についていけず、疑問をもつおばさんとして、いろいろ勉強になりました。」（50代女性）

上記のようにおおむね好評で、問題の出し方や文面などに再考の余地はあったものの、ゲーム形式の可能性を大いに感じさせるものであった。

(事例2) 2011年6月26日　メル・プラッツ第27回公開研究会（於：横浜文化創造都市スクール）

ポスターセッション形式の「ショーケース」と呼ばれるスタイルで実施。来場者数名が集まった段階でゲームをおこなった（図V-5）。

このセッションでは、前段で紹介した東大阪の実践に用いた3つの課題に加えて、もう一問を追加した。それが問題4である。

問題4
あなたは：高校2年生女子の保護者
内容：クラス担任から「お子さんがクラスの友人とやっているネット掲示板に、友人を誹謗中傷するような書き込みをおこなって、友人がひどく傷ついている」と、該当ログの証拠とあわせて申告があった。

担任は娘を呼んで注意したのだが、「全く身に覚えがない」否認して泣き出す始末。しかしログデータの証拠も出されているので「お子さんが関わっていることは否定できない。親御さんからも諭してやってほしい」と言われた。

担任からは娘が発信した証拠としてのログのプリントアウトを見せられたので、やはり罪を認めて謝罪するように諭す。　→ Yes / No

第Ⅴ章　子どものインターネット利用におけるリスクとゲーム形式を用いたメディア・リテラシー実践の可能性(岡田)

図Ⅴ-5　メル・プラッツ第27回公開研究会での実践風景

解説：これは(財)民事法務協会の田島和彦氏が「国語メディア研究会　子どもたちとケータイ・ネット〜ケータイ・ネットの知られざる危険性を学ぶ〜子どもたちを被害者にも加害者にもしない安全対策」という報告の中で紹介していた事例を元にしている（田島　2008）。ネットいじめへの対応としては、問題ある書き込みなどが発覚した場合には、直ちに証拠を保全するということが優先されるが、それを逆手にとって、ログを捏造して加害者として告発することでいじめるという巧妙な手口で被害者をわなにはめるというものであった。参加者からは、実際に子どもの言い分を聞かないで、物証があるからといって子どもを咎めたてることはできない、という声がどちらかといえば多数派であった。

この回のセッションは、研究者や専門家に対するものであったが、その中では以下で紹介するように、こうしたゲーム形式の実践を自分たちも取り入れてみたいという声がみられた。

「授業などで学生同士の議論を促したいときなど、使えそうな気がしました。やってみたら結構おもしろい！」

(75)

「みんなでカード出しあった後のディスカッションの仕方、さらに工夫できそう」

「リスク・コミュニケーションの可能性を、議論のなかで感じました。ファシリテートが重要ですね。」

（事例3） 2011年9月29日　奈良市公立高等学校1〜2年生29名。
　「ケータイ／ネット社会の歩き方」と題したミニ講義の一部にゲームを取り入れた。この回では新たに高校生を対象とした問題を作成した。

問題5
あなたは：高校生。
内容：中学時代の親しい友人から久しぶりにメールがあり、恋の悩み相談で盛り上がっているうちに12時を過ぎてしまっていた。明日は期末試験の大事な科目があるが、テスト準備もまだ途中。でももうちょっとメールも話したりない感じもある。
　　もう少しメールを続ける？　→ Yes / No

解説：この問題はNTTドコモのモバイル社会研究所が作成したケータイモラルの指導教材を参考にして作成した。中学生、高校生にはよくありがちなシチュエイションであるといえるだろう。これについては、「No」を挙げたものには真面目に勉強するタイプ、「Yes」を挙げたものには前夜の12時でまだ試験勉強ができていないならあきらめるというタイプ、友達との関係が大事だというタイプなど、回答は二者択一でも、その理由まで問うと背景にはさまざまな思惑が見受けられた。

　さらにこの高校での実践では続いて先の問題1を実施したが、こちらでは

「Yes」（＝チェーンメールを転送する）を挙げた生徒が皆無で、全員が「No」（＝転送しない）というグループがいくつか見られたことが注目される。これはおそらく、学校等で「チェーンメールは悪」という教育がおこなわれているためではないかと考えられる。

ちなみにこのセッション終了後に高校側から問い合わせがあり、是非下級生の人権教育で活用したいという教師の要望が伝わってきている。生徒の反応を含めて、ゲーミングはここでもまずまずの支持を得たようであった。

（事例4） 2012年1月17日　大阪府高槻市、私立大学情報系学部学生14名

それまでのセッションでは、単発のセミナーの中の限られた時間を使って2～3件の設問をこなすというやり方で実施してきたが、この回は比較的長い時間（90分）を使って5件の設問を試行し、最後には全体の振り返りとともに、参加者全員で1人につき最低1件の設問を考えるようにと課題を与えた。

実施したのは、第1が問題1のチェーンメールを転送するか否かというもの、第2が問題2のネットでできた彼氏のトピックで、当事者を30代女性から、大学生に変更したもの、さらに第3で当事者の設定を大学生から高校生に入れ替えてもう一度試行してみた。さらに第4では問題5の試験勉強中の行動について、メールのやりとりから考えるものであった。最後には問題4のネット上のなりすましによる誹謗中傷のいじめについてのものを取り上げた。

問題1では一方のグループが3対4で「No」（＝転送しない）が上回る接戦だったが、もう一方のグループでは「Yes」（＝転送する）がゼロという一方的な結果となってしまった。理由については、「Yes」（＝転送する）が「本当だったら子どもが心配」であるとか、「注意してもしすぎることはない」、あるいは「心がけレベルの問題」として知らせておこうというものであった。また「No」（＝転送しない）の側は「ソースがはっきりしない」「これだけひどい内容の事件なら、ニュースなど他からも聞いているはず」といったもののほか、

「チェーンメールに偏見があるので、共感する内容でも送らない」という意見もあった。

2番目の設問で、問題2の修正版として主人公を大学生に変えたものでは、「Yes」（＝考え直すように諭す）としたのは圧倒的に少なく、一方のグループではゼロ、もう一方でも7名中2名にすぎなかった。意見としては、基本的に「自己責任」に帰せられるので他人がとやかく口出しすることではないというものが大勢であった。

そこで第3番目の設問として、前項の主人公を今度は高校生に入れ替えて結果を問うてみた。一方のグループでは拮抗、もう一方のグループでは「Yes」（＝考え直すように諭す）が上回る結果となった。高校生であればなぜ注意を促すのかという理由としては、「（未成年で）法律問題になるから」「女子高生は別の意味でのブランド性が高いから（リスクが大きい）」「出会う機会やつきあいが狭い」といった回答が見られた。このように、ゲームの可塑性が高いので、設問を微修正しながら結果を確認できるのである。こうしたメリットが確認できたのは、2番目の設問と3番目の設問で比較しながら進められたことの収穫であった。

「問題5」を用いた4番目の設問については、いずれのグループも「Yes」（＝続ける）を「No」（＝続けない）が上回った。いずれも「テストが大事」「いったん切って後日続ける」「相手も自分と同じ考えのはず」といった意見が並んだ。他方「Yes」（＝続ける）派は「親しい友人だから」「メールしながらでも勉強はできる」などの意見があった。高校でも実施した印象からすると、個々人の置かれた立場によってこの回答の比率はかなり変化がありそうだという感触を得た。

最後の5番目の設問では、「なりすまし」のブログ上のいじめについて紹介したが、「Yes」の謝罪を諭す側を選ぶ者がいずれのグループも多数を占めた。「Yes」（＝謝罪するよう諭す）では、まず頭を下げてから話し合うべきだという意見のほか、「高校2年生の女子」というのがまず信用できない、女子高生

第Ⅴ章　子どものインターネット利用におけるリスクとゲーム形式を用いたメディア・リテラシー実践の可能性（岡田）

はまず自分を守ろうとする傾向がある、という意見が出されて興味深いものがあった。「No」としたのは、まず話を聞くのが先決、あるいは「真偽を確かめる」「当事者同士で話し合うべきで、親が口出しするべきではない」というものであった。

続いて、セッション全体の振り返りの中ではこのゲームによる学習の試みを支持する声が多かった。

> 「高校の頃や、大学に入学したばかりの頃に経験できていればまたディベートなどとは違った経験になったのではないかと思う。今回、自分の意見に自信を持って発言する難しさや、周りの意見も聞く中で新たな考えが出る面白さを改めて感じることができた。」

これらはまさに「答えのない」ゲームとしての性格をよく反映しているといえよう。また、

> 「教科書のような堅苦しさもなく、楽しく学習が出来る。そのため、自分の考えや意見を素直に述べることが可能である。また、偏った考え方だけではなく、自分とは異なる意見、価値観を聞くことができ自分自身の考えの幅も広がる。自分の不足情報を補うことが出来るため、とても良い。また、話し合いでコミュニケーション力もつく。勉強と聞くとそれだけでしたくなくなるが、内容は同じでもゲームと聞くとやる気が増す。普通に机に座っているよりも集中力が増すと思う。」

> 「このようなゲームは様々な身近に起きうる状況に対して考える機会になるし、判断力を身につけることもできるので、広く積極的に行われると良いと思う。そしてそれによるディスカッションは人の意見を聞く良い機会

（79）

であり、それにより自分自身の考えや知識も広がるので良いことだと思う。
　（中略）中学校や高校の授業等でこのようなゲームをする機会を設けることで、若い世代も危機意識を持つことが出来るのではないかと考える。」

という肯定的な答えもあった。
　それとあわせて示唆的なコメントもいくつか見られた。

「実際に問題設定された状況に似た立場になったことがある人は、イエス・ノーの判断が速く、その判断の理由も他の参加者に比べて具体的で、その答えに対して自信をもった態度を見せていた。（中略）過去に経験したような事例での選択に対して、大きく迷うことなく、素早く判断できるということは、このゲームを通して自らをその立場に身を置き、周囲の意見を聞いて、事前に自分ならではの答えを考えることで、実際にその状況に立たされたときに冷静に行動できるようになる」

という実際のトラブルを想定したシミュレーションとしての価値を評価する発言や、

「高校時代にもプレイした経験がある。高校時代は考える前に感情で回答していたけれども、大学生になってメディアやネットリテラシーについて勉強しているので少しは学術的に結びつけて考えられている気がする。同じ質問でも高校時代と現在とでは考え方が違うはずなので、人の成長を計るという点でこの学習は大変有効であると感じる。」

というような学習効果を指摘するコメントもあった。
　また、

「パソコンのソフトに最初から組み込んでおいて自宅で気軽にできるとよいと思った。」

という今後に向けての提案もあった。

セッション後の課題としては振り返りのほかに、新たな設問の作成として、最低一件の設問を作成するよう課題を与えた。その中で今回、比較的活用できそうなものとして次の二件を示しておく。

問題6

あなたは：音楽好きの大学生

内容：好きなアーティストのライヴに行きたいのだが、チケットがどうしても取れず、SNSのコミュニティの譲渡先をさがす書き込みから譲ってもらえることになった。SNS上のメッセージのやりとりで、相手の名前と年齢、住所、電話番号は聞いている。代金を先方の口座に振り込んだらチケットを送ってくれるということなのだが、このまま取引を続けてもいいものだろうか？

　取引を続ける？　→ Yes/No

問題7

あなた：大学入学を控えた高校三年生

内容：ある日、加入しているSNSに入学する予定の大学の先輩だという人から「友だち」申請のメッセージが届きました。あなたはその人を『承認』して友人になりますか。

　承認する？　→ Yes/No

いずれも学生の実体験を元にして作られた問題である。問題6は一見きわめて怪しい誘いのような印象を受けるのだが、SMSやコミュニティで馴染みの相手で、ある程度信頼できるようであれば、チケットの取引を行っているとのことである。この問題を提案した学生も、このやり方で何度もチケットを取引しているという。また問題7も、作成者の学生が入学前に実際にそういうメッセージを受けたことがあるのだという。だが迂闊に友達として承認すると、サイト内の過去の日記やつぶやき、写真アルバムなどすべてを見られることになってしまい、ブログの持ち主自身のプライバシーが筒抜けになってしまいかねないリスクを負うことになる。

　上記2問以外にも多くの設問が新たに作成されたが、背景としての実体験の裏付け、ゲーム上のバランスなどクリアすべき問題があると考えられたため、今回は設問化を見送っている。しかしながらワークショップ等でのディスカッションを通じて細部を練り上げることにより、今後設問化できるポテンシャルを持つものもあるのではないかと考えている。

4　実践からの発展的な試み

　前節の最後の実践事例では、その時点での初の試みとして、参加者に問題となるステートメントを作成してもらった。クロスロードのシステムを開発した吉川らは、ゲームに参加したユーザーたちが新たな問題作成を手がけることで、地域の抱える問題の共有や理解につながり、また問題そのものの解決策を模索することにつながることもある、としている（吉川他　2009、19ページ）。そこで、その後筆者は、相当の時間を確保できる場合において、参加者による問題作成までおこなう実践を実施している。まずはその具体的な事例を紹介しておこう。

第Ⅴ章　子どものインターネット利用におけるリスクとゲーム形式を用いたメディア・リテラシー実践の可能性(岡田)

(事例5)　2012年10月13日、27日　兵庫県西宮市の認可外保育所　約10名

　このケースでの参加者は保育所の保護者や保育士の方々である。比較的長時間のセミナーを2日間にわたって実施できたので、1日目と2日目のセミナーの間に、参加者自身がクロスロードの問題を作成するという「宿題」を課して、2日目の実践でその問題を実際にプレイしてみることをおこなった。以下、そこで作成された問題を2例紹介する。

問題8・あなたは4歳の女の子の母親。

　ある日、夫の職場の集まりで海に行きました。
大人も子どもも皆、海で楽しく遊んでその日は解散しました。

　2か月ほど経ち、そのメンバーのうちの1人の奥さんが個人的にブログをしていると聞き、たまたま閲覧してみると、あの時の海で撮ったと思われる、あなたの娘の水着姿を掲載しています。ブログの内容は海に行って楽しかった、という当たり障りのないものですが、写真については悪気がないのか、まったく無断で、顔を含む全身が写ったものでした。

　あなたはこのことについて、ブログを書いている本人に抗議しますか？

問題9・あなたは中2の男の子の親。

　スマートフォンを持たせていますが、フィルタリングをして、有害サイトへのアクセスをチェックしたり、ゲーム等、使用時間の制限をしたりしています。

　しかし、あるとき、同級生の男子の保護者から電話で「おたくのお子さんに無理やりスマートフォンを操作させられ困ると子どもが言っている」と相談されました。

　息子はそんなつもりではなかった、と悪意は否定しましたが、あなたはこれを機に、制約を緩めますか？

いずれの問題も、保護者が実際に直面するであろう状況が過不足なく盛り込まれている。問題8の場合は、写真の掲載されていた場所が、たとえばブログではなくFacebookのようなSNSであった場合は、公開範囲やタグ付けによってどういった問題点が生じるのか、というテーマも検討されることになり、さまざまな議論の余地が生じてくる。その意味では、ディスカッションの中でより理解が深まり、問題意識の共有が進む可能性を持った良い例であるといえよう。

　また、ここでの参加者のコメントもおおむね好評であった。以下一部を紹介する。

>「実際に思いもしないような発想がきけて、そんなことも考えていかないといけないんだとか、そういう考え方もあるなあと考えさせられた。
>この先、同じような判断にせまられることも多いのだろうなぁと思う。
>自分の責任でという部分と、権利を守るという部分と大事にしていきたいと思った。」（30代女性）

>「身近な内容だったので、考えることの大切さも学びました。こういう問題（ダークな部分）をママ同志でも話しづらい事もあるので、共有できて良かったです。」（30代女性）

　これらのコメントからもうかがえる通り、以上のような参加型実践の可能性として、身近でかつ最新の状況に直面した課題について、参加者自らが率先して取り組むことができ、また更新していくことができるという点を長所として強調できるだろう。

5　まとめと課題

　本章では、クロスロードによるゲーミングの手法が、インターネットや携帯電話の利用に関するトラブルに対応するためのメディア・リテラシー向上に貢献できるかどうかについて、検討をおこなった。その結果、参加者たちは一様に興味関心を持って積極的に加わることができ、また理解度も深まったとの認識を示していることが明らかになった。また、周囲の状況や当事者の立場によってさまざまな様相を帯びるこれらの問題について、問題の構造を単純化することなく、参加者たちの理解を深めるようにはたらく点もうかがえた。
　インターネット上のコミュニケーションは、顔の見えない相手とのコミュニケーションであり、個々の背景や状況も多種多様である。その一方で、いまの子どもたちがソーシャルメディアなどにおいて参入するコミュニケーションの多くは、学校生活をベースに築かれる比較的閉じた人間関係の上に成立している。そのため、ともすれば上記の多様性を意識することのないままネット上のやりとりが進行することで、自己中心的な認識のもとで対応したり、些細な行き違いが生じてしまったりして、トラブルに陥る危険が潜んでいるといえる。
　このようなリスクに対しては、竹内和雄が生徒指導での経験を振り返って、ある地域の中学生の代表による話し合いの事例を紹介している。そこでは携帯電話のトラブルについて討論した上で解決策をルール化し、周知をはかったものの、現実には広まらなかった。しかしそのルールの作成過程で、議論を徹底的におこなって問題を共有できたことが解決に一歩を踏み出せたという。竹内はそこから「大切なのは取り組みの成果ではなく、取り組む過程で子どもたち自身が感じることや、意識の共有である」としている（竹内、2013）。こうした問題意識は今回のクロスロードの意義と通底するものがあり、このシステムはメディア・リテラシーの啓発、育成という領域において大きな可能性を秘めていることがわかる。

ただ、問題点もいくつか残されており、選択が一方に偏らないようなバランスのとれたものにするにはどのように設問の設定をすればよいか、トレードオフの関係にある二者択一の問いに持っていくにはどうすればよいのかという難しさがあり、それになじまない項目が扱いにくくなっているという点は、今後の課題として考慮していくべきであろう。また、防災の場合とメディア・リテラシーの場合では、参加者や設問の意思決定者の年齢層など発達の度合いによって、とらえ方が異なってくる点も課題として残されている。このあたりについても、実践の場によって修正をしていくのか、設問体系を多重化していくのか、対応の取り方はいろいろと考えられそうではある。

　先にも述べたように、子どもとネット／携帯電話をめぐる諸問題については、保護者や学校サイドとの連携も重要性が指摘されている。立場を異にする関係者が相互の事情に思いを配りながら進めることのできるこの実践形式が果たせることは少なくないはずである。本稿で取り扱うことのできた事例はまだ限られているが、今後とも多くの場面で試行を重ねつつ、方法論の精緻化を進めていきたい。

参考文献

兵庫県教育委員会・インターネット社会におけるいじめ問題研究会報告書　2008「ネットいじめ・誹謗中傷の解消に向けて――早期発見・迅速な対応・未然防止」(http://www.hyogo-c.ed.jp/~board-bo/kisya19/2003/2003261-2.pdf)

内閣府　2013「平成24年度　青少年のインターネット利用環境実態調査報告書」

岡田朋之　2012「モバイル・メディア社会の未来を考える」岡田朋之・松田美佐編『ケータイ社会論』有斐閣

大阪府教育委員会・携帯・ネット上のいじめ等課題対策検討会議、2008「携帯・ネット上のいじめ等生徒指導上の課題に関するとりまとめと提言」(http://www.pref.osaka.jp/fumin/doc/houdou_siryou2_20695.pdf)

総務省　2013a「インターネット利用におけるトラブル事例等に関する調査研究（平成24年度版）――インターネットトラブル事例集 (Vol. 4)」

総務省　2013b「インターネット利用におけるトラブル事例等に関する調査研究――イ

ンターネットトラブル事例解説集（平成24年度版）」
田島和彦　2008「子どもたちとケータイ・ネット～ケータイ・ネットの知られざる危険性を学ぶ～子どもたちを被害者にも加害者にもしない安全対策」国語メディア研究会報告（於：高津市民館、2008年12月20日）
竹内和雄　2013「『携帯電話を持たせない』石川県で浮上した課題、規制と教育で揺れる自治体」日経BP社「Itpro」2013年7月30日掲載（http://itpro.nikkeibp.co.jp/article/column/2013728/494582/?ST=security&p=1）
渡辺真由子　2008『大人が知らない　ネットいじめの真実』ミネルヴァ書房
─── 2010『子どもの秘密がなくなる日──プロフ中毒　ケータイ天国』主婦の友社
矢守克也・吉川肇子・網代剛　2005『防災ゲームで学ぶリスク・コミュニケーション──クロスロードへの招待』ナカニシヤ出版
吉川肇子・矢守克也・杉浦淳吉　2009『クロスロード・ネクスト──続：ゲームで学ぶリスク・コミュニケーション』ナカニシヤ出版

第Ⅵ章　子どもたちが困難やストレスを乗り越えるために

尾　久　裕　紀

はじめに
1　ストレスについて
2　子どもの発達からストレスを考える
3　ストレスはリスクにも成長にもなる
4　福島の子どもたちのストレス
5　私たちが子どもたちにできること
おわりに

はじめに

　著者は子どもの安全とリスク・コミュニケーション研究班の中で、子どものメンタルヘルスに関わるリスクを扱ってきた。
　「リスクという観点からみた子どものメンタルヘルス[1]」では、不登校、ひきこもり、いじめ、虐待、自傷、うつなど、子どものメンタルヘルスの現状を概観し、リスクという観点から若干の考察を試みた。子どもの精神的問題の要因をみると、子ども自身の要因、親の要因、保育・教育要因、社会要因などが複雑に絡み合っていることがわかる。それらの解決には、医療、教育、福祉領域などが連携していく必要があることを述べた。
　「子どもにとってのリスクと成長[2]」では、子どもの発達・成長に影響を与える要因を考える際用いられる、リスク要因、防御要因、さらにレジリエンス、外傷後成長といった概念について検討し、困難な状況を体験した子どもが順調

に育つことが可能なのか、可能であればどのような支援が有効かについて論じた。

本稿ではこれまでの論考をもとに、2011年3月11日発生した東日本大震災を例に、「子どもたちが困難やストレスを乗り越えるためにはどのようなことが考えられるか」という視点で論じる。

1　ストレスについて

今回の震災はこれまでにない大きな被害が発生したこと、また原発事故という新たな災害が加わったことでより一層解決が難しくなっていると思われる。特に後者の問題は子どもたちにとっても新たなリスクとして立ちはだかっており、どのように乗り越えていくかが今後の重要な課題となっている。子どもたちはさまざまなストレスを抱え、生活を送っている。まず、本章ではストレスとは何か、ストレスの心身への影響、ストレスによる反応などについて述べる。

(1)　ストレスとは？

ストレス（stress）という言葉は日常的によく使う言葉である。もともとは物理学の用語であるが、生物学的には何らかの刺激が加わった結果生じた生体の歪みのことをいう。歪みを生じる刺激をストレッサー（stressor）というが、一般的にはストレスという用語がストレッサーと同義に使われている[3]。

ゴムボールを思い浮かべてほしい。指で押すと、ゴムボールはへこむが、この状態がストレスと理解できる。そして指で何度か押してもゴムボールはすぐに元の形に戻る。人間の体もゴムボールと同じように多少ストレスがかかってもすぐに戻るのである。またストレスは「悪いもの」と考えられることが多いが、本来ストレスとは「刺激」のことであり、むしろ適度なストレス（刺激）は心身の状態を活発にしたり、やる気にするのである。なんの刺激（ストレス）もない人生はつまらないともいえる。むしろ現代社会で問題になっている

のは過剰な、あるいは持続する慢性ストレスだろう。このようなストレスが続くと生産性、やる気が低下する。ほどよいストレスに保てると一番よいが現代社会では簡単ではない。

(2) ストレスの影響

　さて前項で過剰なあるいは慢性的なストレスが問題になると述べたが、具体的に、人間の体がどのような影響を受けるのかを説明する。ストレスは、主には自律神経系と内分泌系に影響を及ぼす。

　自律神経系は生体にとって最も基本的な呼吸、循環、代謝などの機能を司り、交感神経と副交感神経からなる。過剰なストレスがかかると、血圧・心拍数が上昇し、血液が固まりやすくなる、胃粘膜の血流の低下、中枢神経興奮などが生じる。内分泌系はホルモンを介し、生体内の環境を整える機能を有する。過剰なストレスにより血液内の糖が上昇、免疫機能の低下、胃酸分泌の亢進が生じる。その結果、狭心症・心筋梗塞、脳梗塞、胃潰瘍、不眠症、糖尿病、感染症などの病気につながる可能性もある。

(3) ストレス反応

　しかし、過剰なストレスがすぐに病気や障害に結びつくわけではない。ある程度のストレスがかかると、人は心、行動、身体に様々な危険信号（反応）を出す。心理的反応として、イライラ、怒り、落ち込み、不安など、行動的反応として、引きこもり、出社困難、過食、逸脱行動など、身体的反応として、動悸、発汗、筋緊張、肩こり、めまい、下痢などを認める。

(4) ストレスに対する個人差

　同じようなストレスがあっても、平気な人もいれば、病気になってしまう人もいる。ストレスに対する個人差は大きい。この個人差は、遺伝、幼少時の発達過程・経験に基づき規定されるといわれている。たとえば幼少時期に虐待を

受けることでストレス脆弱性が高まることもひとつの例である。

2　子どもの発達からストレスを考える

次に、子どもの発達という視点からストレスを考えてみよう。子どもは母親の胎内にいるときからから乳幼児期、学童期、青年期を通して様々なストレスを受ける。子どもたちはそれらを乗り越えることによって人間として、成長・発達していくことが多く、人間にとって必要なストレスともいえる。他方、ストレスに耐えきれず、心身の不調を来す場合もある。それでは発達段階ごとに順に概観してみよう。なお、児童期までの各発達段階を胎児期（受精から出生まで）、新生児期（出生から4週間）、乳児期（生後1か月から1歳）、幼児期（1歳からあ5歳）、児童期（6歳から12歳）とした。

(1)　胎児期、新生児期

この時期、胎児は母親の生活や心身状態の影響を受けながら成長する。長田によると、妊娠後半には胎児は音や光を感じ反応するようになるという。特に耳は、母親の声、テレビや音楽、生活音などの外界の音がかなり聞こえていて、そのため胎児は子宮内での体験を記憶しており、生まれた後、聞きなれた母親の声に安心する[4]。

したがって、この時期、母親が身体的にも精神的にも穏やかに健康に過ごすことが、胎児にとってもストレスの少ない育ちやすい環境となる[5]。実際に、母親がストレスを抱えていると、胎児の発達に様々なレベルで影響することがわかっている。胎児の健康な成長のためには、それを支える生活環境、とくに母親の心身の健康・安定が重要で、母親に対するケアはそのまま胎児の健全な発達につながる[6]。

(2) 乳児期、幼児期

　乳児期は主に母子関係を通して情緒的な絆が形成される時期である。人との間に形成される情緒的な絆を愛着という。ボールビィはホスピタリズム（施設症）の研究から愛着理論を導いた。施設に長期間入所している子どもは、死亡率が高く、発達の遅れ、知的障害、成長後のパーソナリティー障害が見られた。そのことから子どもの発達には栄養、衛生面のみならず、養育者との情緒的交流が重要であることを明らかにした。

　赤ちゃんが笑ったり、他人に目を向けると周りの人はそれに応じ、声をかけたり微笑む。それにまた赤ちゃんが反応し、それを見て周りの人も喜びをもって応えるという相互作用が生じる。このようなやりとりの繰り返しによって信頼と愛情が形成され、深まり、人とくに母親との間に心の絆、愛着が築かれていくのである。

　その場合、このようなやりとりができる能力が子、母親に必要であるが、何らかの障害があると愛着が形成されない。エインズワースは母親の関わりと子どもの愛着の関係をストレンジ・シチュエーション法で観察した。これは母親と別れた（分離した）時、再開した時に子どもがどのような反応をするかを見る方法で、以下の4つタイプに分類された。

①母親が子どもの欲求や状態に敏感で、一貫性のある安定した対応をとる場合、子どもは再会するとすぐに落ち着き喜び、安心する。

②母親が子どもに対して拒否的にふるまう場合、子どもは分離に混乱・不安を見せず、再会時もよそよそしく、母親との距離を一定ともいえる行動をとる。

③母親が積極的に子どもとやりとりするが、それは子どもの状況に応じたものではなく、母親の気分や都合によることが多く、一貫性に欠く場合、子どもは分離に激しく反応し、再会しても落ち着かず、身体接触を求めるが、一方で激しい怒りを向ける。母親の関心を絶えず引きつけているともいえる。

④母親が抑うつ傾向、心理的な問題を抱えている、子どもを怯えさせる行動をとる場合、子どもは近づきながら避ける、顔をそむけながら近づく、不自然な動きをする。

　以上4つのタイプのうち、①を「安定型」、②③④を「不安定型」の愛着とした。「不安定型」のように、この時期にうまく愛着が形成されなければ、後に精神的な脆弱性につながることがある。子どもの愛着形成のためには、母親自身が乳児期にどのように育てられたか、母子が父親を含めた家族に支えられているか、あるいは地域に支えられているかということも必要である。この時期、母親が身体的あるいは精神的不調を抱えていると、愛着形成に大きな影響が生じる可能性がある。たとえば母親がうつ病の場合、意欲低下、注意集中困難、思考や行動の抑制などの症状のために、応答性の鈍さ、コミュニケーションへの興味の減退、ネガティブな感情表現（悲しみ、怒りの表情が多い）、暖かさや受容性が低い、といった状態となり、子どもの欲求などに対して適切に対応できなくなる。岡田[7]は、三分の一の子どもに「不安定型」の愛着を認め、出産後30％の女性がある程度深刻な産後うつを経験することがその一因であることが示唆できると、いくつかの研究を引用しつつ述べている。ただし、うつの母親の子どもがすべて「不安定型」愛着を示すわけでもないことも研究の結果から判明しているという。

　一方、母親の状態がさらに重篤な場合は子どもへの影響もより深刻になる。最近の研究[8]では、虐待など非常に強いあるいは慢性のストレスを受けると脳細胞の増殖が低下し、脳の一部（海馬）が委縮するということがわかっている。そのような状態に一度なると、ストレスに対する感受性が増大し、些細なストレスでも反応し、大きなダメージを受ける、あるいはストレスがなくとも精神的に不安定になるとされていて、いわゆるストレス脆弱性につながることが理解される。このことは乳幼児期に限ったことではなく、成人におけるPTSDでも同様のことが起きる。しかし乳幼児期は人間の発達全過程の中でも特に重要な時期である。たとえば脳の重量は成人で1400gであるが、出生時350ｇ

であったのが1歳時で900～1000gと4分の3が出来上がる。この時期に過大なストレスがかかることで脳にどれだけ影響を及ぼすか想像できるであろう。

(3) 児童期

　児童期は学校という新しい社会集団に入る時期である。新しい世界を体験することは子どもにとって喜びであるが、ストレスでもある。社会性、ルールを身につける時期でもあるので、失敗して、親や教師から怒られたり、厳しく指導されることもあるだろう。また、友人関係では互いに、ゆずる、主張する、仲間に入れる、仲間からはずされるなどの体験を通し、他人の気持ちを理解したり、自分の気持ちに折り合いをつけたりできるようになる。これらの体験も子どもたちにとっては困難やストレスであり、乗り越えられると成長につながるが、さまざまな条件が重なると、ひきこもりやメンタル不調の方向に進むこともある。

　以上各胎児期・新生児期、乳児期・幼児期、児童期とみてきたが、子どもは早期の時期に母親など養育者との関係で、信頼感、適度な依存など安定した精神的構造を得る。その上で、ストレスやつらいことにも耐えることができるようになり、人間として成長していく。一方、仮に何のストレスにさらされることなく成長すると、子どものストレス耐性はつかず、意にそぐわないことがあると我慢できない、あるいは精神面あるいは身体面の反応が生じるなど現在の厳しい社会で生き抜くことが困難になる。困難やストレスを乗り越えるためには、ここに大きなヒントがある。

　困難なことやつらいこと、すなわちストレスは健康を損なう場合もあり、乗り越えることで人間的に成長するというマイナス面とプラス面があることは古くからいわれてきた。次の項ではストレスや困難、さらには心的外傷（トラウマ）の肯定的意義について述べていく。

3 ストレスはリスクにも成長にもなる

(1) リスク要因／防御要因とレジリエンス

　子どもたちは成長、発達途上にあり、さまざまな環境要因によってよい方向に進んだり、問題となる方向に進んだりする。発達を問題が生じる方向に向ける要因をリスク要因、発達を問題の少ない、あるいは望ましい方向に向ける要因を防御要因（予防要因）という。

　リスク要因としては、教育や就労の機会が少ないこと、差別と不公正、貧困、子どもへの不適切な関わり、両親間の葛藤状態、親の精神障害、親の厳しい養育態度などがある[9]。防御要因としては、教育または就労の機会が多いこと、ソーシャルサポート・支援があること、思いやりのある大人の存在、良好な親子関係、扱いやすい気質、知的能力が高いことなどがあげられる[10]。

　防御要因と類似の概念でレジリエンス（resilience）という言葉がある。レジリエンスは『オックスフォード英語辞典』（Clarendon Press）によると、1600年代から、「跳ね返る、跳ね返す」という意味で使用され、1800年代になると「圧縮（compression）された後、元の形、場所に戻る力、柔軟性」の意味で使用されるようになった[11]。現在、レジリエンスの概念は幅広い概念で捉えられており、その定義は研究者、研究の内容・目的によってさまざまである[12]という。

　さて、レジリアンスの定義には、①逆境の中でも何とか現状を維持すること、②以前より能力がむしろ向上する、結果が良くなったというニュアンスをもつもの、リスクの存在により、むしろ「良い結果」、「肯定的な結果」となったという意味を持ったものの2種類ある[13]。

　また、レジリエンスをリスク要因と防御要因の相互作用という視点からみると、これまでの研究から、リスクと防御要因がレジリエンスへといたるプロセスが複雑なことは明らかで、少なくとも部分的には非直線的であること、実際

に防御要因がリスク要因を緩和することが示唆されている[14]。

(2) 困難な状況をきっかけとした成長

(a) 危機の肯定的意義

危機の有する転機としての積極的かつ肯定的意義は古くから注目されており、宅は、以下のように概観している。

「危機は変化への機会となり、変化への意義を与える（Riegel）、危機は悪いことが生じるばかりではなく、再適応し、乗り越えてよくなる場合もあり、まさに岐路を意味する（森）、危機をうまく適応的に乗り越えることができると強い自我形成へ向かい、一歩誤ると神経症や精神病など、時には非行や反社会的行動などへ向かうことになる（長尾・前田）[15]」。

また、Blos、Eriksonは青年期の正常な自我発達過程に際して、「外傷（トラウマ）」あるいは「危機」がマイナス方向にもプラスの方向にも向かう可能性、あるいはリスク要因にも防御要因にもなり得ることを論じている[16]。

危機が肯定的意義をもつには、肯定的な意味づけがあること、危機によって何らかの見返り「恩恵」が導かれた、という2点が重要とされる[17]。後者の例だと、人格的に成長した、家族の絆が強まった、人のよいところをみるようになったなどである。

(b) 外傷後成長

外傷後成長とはPosttraumatic Growthの訳で、宅は、「外傷的な体験、すなわち非常に困難な人生上の危機（災害や事故、病を患うこと、大切な人や家族の死など、人生を揺るがすようなさまざまなつらい出来事）、及びそれに引き続く苦しみの中から、心理的な成長が体験されることを意味しており、結果のみならずプロセス全体を指す」というTedeschiらの定義を紹介している[18]。

外傷後に生じる成長の内容として、他者への共感が増す、既存の人間関係がよりあたたかで親密なものになる、つらい出来事をきっかけに何らかの新しい

道や可能性が出る、それを乗り越えたという実感を持つことで人として強くなったと感じる、人生に対する感謝、などがあげられる[19]。

宅は、外傷後成長が生じるメカニズムについて次の4項目をあげている[20]。

一番目に、ストレス体験は弱すぎても強すぎても生じず、中程度であること。自己成長感のきっかけとなるには、ストレスとなる出来事を経験した後、その体験が否認されることなく、ストレスによって自分に衝撃があったと認知されていること、およびその体験の詳細を想起し、他者に語ることができること、の2点が重要である。

二番目に、ストレス体験に対して、ポジティブな側面への焦点づけ、出来事を経験した自己を評価し、出来事の持つメッセージ性をキャッチすること。

三番目に、パーソナリティーの特性として、前向きな性格、新しいことに興味をもちチャレンジする、自分の感情をコントロールできる、肯定的な未来志向をもっていること。

四番目に、家族以外にも友人などがいることである。成長のためにナラティブ（語り）を生み出す場や、その道筋を提供することが、一つの援助になりうる可能性が示されている。

一方で、安藤[21]によると、外傷的経験の後に生じる向社会的行動ないし愛他的行動を、「苦難から生まれる愛他性（altruism born of suffering）」という概念で研究する流れもある。安藤は、外傷後成長の諸側面には愛他性に関連する部分が少なからず含まれるが、外傷後成長では体験をした人の認知的処理の側面が強調されるのに対して、「苦難が生み出す愛他性」のモデルでは、愛他的行動に直接影響を及ぼすと思われる意図や意欲、また、その根底にある動機ないし欲求に重点が置かれている点に特徴があるという[22]。

(c) **子どもにおける困難な状況をきっかけとした成長**

これまで述べてきた研究結果は対象が主に成人であり、大学生以下の子どもたちを対象にした外傷後成長研究はまだ数が少ない。また困難な状況を体験し

た場合、どのような時にも成長するということではない。Stephanら[23]は、人は複数の強いストレスに直面するとレジリエンスはありそうもないとし、一般的にそうした状況は貧しく社会的に不利な立場にある人々の中で見出されると述べている。

さて、次の章ではこれまでの知見から、子どもたちがリスクや困難の中でうまく育っていくために何ができるかについて検討したい。本稿では、2011年3月11日に起きた東日本大震災の後、子どもたちや保護者はどのような体験をしているのかについてこれまで行われた調査などから現状を把握し、これから我々は子どもたちに何ができるかを考えてみたい。

4 福島の子どもたちのストレス

(1) 現状

(a) 放射能の不安と子どもたち

福島県教職員組合の角田[24]によると、2012年6月の時点で、未だにふるさとに帰れず、18,000人以上の子どもたちが避難生活をしていて、そのうち10,000人もの子どもたちが県外に避難しているという。避難している子どもたちの中には、思うようにいかずすぐに切れかかる、スキンシップを求めすぎる、イライラが常態化している、友達関係がうまく結べない、色々なことに常に気を使うなど、様々な症状が見られるとの報告がされている。また、学校現場ではこの1年間、校庭の使用制限、屋外プールの使用中止・自粛、生産活動や花壇整備、地域学習など様々な学習活動の制限が行われ、その結果、外でのびのび遊べない中で、子どもたちのストレスはたまり、体力が低下していく、「けがが増えている」という報告もある。今後、子どもたちのストレス発散・ストレス解消をどう進めていくのか、体力低下をどう克服していくのかが課題としている。

(b) 福島県における親と子のストレス調査結果報告（第三回調査）[25]

　福島大学子どもの心のストレスアセスメントチームは、福島県の子ども、保護者のストレス調査を継続して行っている。震災による心への影響を考える場合、地震や津波を原因とするPTSD（心的外傷後ストレス障害）の対応も重要であるが、原発が引き起こした心の問題はPTSDとはまったく異なるもので、「ストレスとフラストレーション」であるという。

　まず、2011年7月の第2回目の調査結果を以下にあげる。対象は幼稚園・保育園児（年少・年中・年長）および小学生（1年生から6年生）の保護者である。

　放射線に対する親の不安は、子どもが小さいほど強い。放射線に関する知識と情報獲得も、子どもが小さい親ほど熱心である。父親に比べ、母親の方が放射線に対する不安は強い。

　親の精神的ストレスは、子どもが小さいほど強く、放射線不安に起因する。

　子どものストレスは、年齢が低いほど強い。ストレスの中はフラストレーション反応と条件性の恐怖である。

　親のストレスと子のフラストレーションが相互に関係する。今後、親（特に母親）のストレスが問題となる可能性があることを指摘している。

　次いで、2013年1月に行われた第3回目の調査結果を示す。この回は保護者の放射能への不安、ストレス、子どもたちのストレスの現状に加え、過去の調査データと比較し、不安やストレスが時間経過にともないどのように変化したか、また他県と比較し、福島の子どもと保護者のストレスについても調査している。

　まず保護者については、福島の保護者の放射能に対する不安は、時間経過とともに低下してきたが、他県に比べれば、福島の保護者の不安が依然として高い状態にある。「外遊び」「洗濯物」「換気扇の使用」「窓開け」等への不安は低下、「（水などの）飲み物」「食品の産地」への不安は変わらない。

　「食品の産地」への不安は、福島に限らず、震災後、広い地域に広がる。「外

第Ⅵ章　子どもたちが困難やストレスを乗り越えるために（尾久）

遊び」に戻る傾向ある。福島の保護者のストレスも時間経過とともに低下してきたが、他県と比べると依然としてすべての項目で高い状態が続いている。

また、福島の子どもたちのストレスは時間とともに低下してきたが、他県と比べると、どのタイプのストレスも依然として高い状態が続いていて、子どものストレス対処が急務であることを指摘している。

(c)　3.11 東日本大震災の影響——子育て調査[26]

ベネッセ次世代育成研究所では、「3.11 東日本大震災の影響　子育て調査」を首都圏（埼玉県、千葉県、東京都、神奈川県）、東北及び首都圏以外の地域（北海道、愛知県、大阪府、兵庫県、福岡県）の0～6歳の未就学児をもつ母親を対象に、2011年5月と2012年1月の2回行っている。2回目から東北（岩手、宮城、福島県）地方も対象として加えた。ここでは2回目の調査結果を紹介する。

子どもの家での過ごし方では、東北、とくに福島県で、1年前の同時期と比べて「子どもの屋外で遊ぶ（お散歩も含む）時間」は減少している（東北27分、首都圏48分、東北・首都圏以外42分）（以下同様）。「ビデオ・DVDをみる時間」は増加している（1時間3分、54分、56分）。「屋外で遊ぶ（お散歩も含む）平均時間」は、福島県が極端に少ない。福島県で、「屋外で遊ぶ（お散歩も含む）時間を減らしている理由」について、97.1％の母親が、「放射線の健康への影響が心配だから」と回答した。

震災をきっかけに話したことでは、「水や食料の大切さ」、「当たり前の日常のありがたさ」、「生命の尊さ」が上位3項目であった。

震災10か月後の子どもの変化では、高年齢児（3～6歳）に見られたネガティブな変化として、「母親に甘える様子が増えた」（東北44.4％、首都圏26.6％、東北・首都圏以外16.8％）（以下同様）。「泣くことが増えた」（18.7％、12.0％、10.7％）「寝つきが悪くなった」（10.4％、4.2％、3.0％）。「夜中に起きることが増えた」（11.6％、5.9％、3.6％）。一方、高年齢児（3～6歳）に見ら

(101)

れたポジティブな変化として、「自立や成長を感じる様子が増えた」(59.6%、60.7%、47.4%)。「周囲の人に対して優しい様子が増えた」(47.1%、39.1%、29.3%)の項目であった。

震災後の子育ての変化では、震災後の子育てについて、いずれの項目も東北の回答比率が大きく、工夫や変化の様子がうかがえる。「放射線への対応に関する項目」は、いずれも福島県が高い。

ネガティブな変化と考えられる項目として、「子どもたちに明るい未来を残せるか不安を感じるようになった」(78.4%、70.9%、65.0%)。「放射線量を気にするようになった」(74.1%、63.2%、41.0%)。「放射線のことを心配して、食料品を選ぶようになった(73.6%、66.8%、57.0%)。「放射線のことを心配して、家族のレジャーの行動範囲を決めるようになった」(57.1、38.3%、19.6%)。

ポジティブな変化と考えられる項目として、「大人同士が協力して、子どもたちに安心で安全な社会をつくりたいと思うようになった」(89.1%、79.9%、75.8%)。「家族はどんなときでも一緒にいるべきだと考えるようになった」(85.9%、76.0%、68.6%)。「新聞や雑誌、インターネットなどの情報をこまめにチェックするようになった」(73.0%、64.7%、49.5%)。「自分が住む地域の人やできごとについて、興味を持つようになった」(71.4%、58.1%、48.4%)。「放射線や震災のことについて、知識を得るようになった(講演会や学習会への参加、専門家のHP閲覧、テレビの特集番組視聴など)」(65.4%、52.3%、38.5%)。

震災・原発事故に関する情報で、信頼できるものとして、「信頼できるものはない」と回答した比率は、東北がもっとも低かった(22.9%、27.8%、28.7%)。

震災後の心配ごとの相談先として、いずれの相談先も東北が多く、配偶者や親など身近な人への相談が多い。

母親のストレスとして、いずれの地域も、震災直後より、10か月後の時点で、

ストレスは減少している。東北、首都圏、東北及び首都圏以外の地域の順に、母親のストレスは高い。「気分がふさぐこと」（45.6％、26.8％、20.0％）、「泣きたいと思うこと」（40.1％、20.4％、15.3％）、「リラックスできないと感じること」（50.2％、33.2％、20.8％）、「疲れを感じること」（69.5％、50.0％、32.5％）、「どうしていいのかわからないこと」（40.0％、23.8％、17.6％）という結果であった。また、「子どもを育てるのは楽しくて幸せだと思うこと」（40.7％、35.6％、32.3％）、「子どもがかわいくてたまらないと思うこと」が「よくある」と回答した母親の比率は、東北がもっとも高かった。（69.4％、61.9％、56.7％）

　配偶者の働き方として、「収入が減少した」（19.6％、11.6％、9.5％）、「勤務時間が長くなった」（19.6％、7.2％、5.3％）、「土日祝日の勤務が増えた」（14.6％、6.5％、4.1％）となっている。

　配偶者に関して思うことでは、「いざというときあなたと子どもを守ってくれる」（47.8％、36.5％、40.9％）、「育児の悩みの相談にのってくれる」（32.0％、26.5％、27.3％）、「子どもの一日の様子を聞いてくれる」（31.5％、27.1％、26.8％）などすべての項目で東北が配偶者にポジティブな印象をもっている。

　幼稚園・保育園・その他の園・施設の取組みでは、「園での子どもの様子を詳しく教えてくれる」（65.1％、55.2％、55.1％）、「災害時や災害後に子育てで配慮すべきことを教えてくれる」（17.6％、9.8％、3.6％）、「頻繁に避難訓練を実施している」（55.9％、47.9％、36.2％）、「園の施設、設備の安全対策が十分である」（27.7％、25.6％、14.6％）、「園での食事、おやつ、飲料への保護者の要望に対応してくれる」（24.8％、18.8％、18.7％）、「園庭、園内の放射線量を公開している」（48.1％、29.9％、1.1％、福島75.4％）、「外遊びのとき、放射線の影響に配慮している」（36.3％、14.9％、0.5％、福島69.4％）、「保護者と園と信頼関係ができている」（45.3％、42.1％、33.3％、福島50.0％）という結果であった。

　地域での子どもを通じた付き合いでは、「お子さま同士を遊ばせながら、立

ち話をする程度の人」(71.2％、83.8％、82.7％)、「子育ての悩みを相談できる人」(75.4％、82.3％、82.6％)との回答であった。

(d) 震災後の子育て家庭生活実態に関する調査報告書[27]
—福島県および山形内への避難者を中心に—

この調査は、福島市・郡山市・白河市周辺に居住する乳幼児の保護者および福島県から山形県内へ避難中の乳幼児の保護者を対象にしている。

精神的・身体的不調を感じるという質問では、保護者、子ども、共に山形避難中の方が不調が多い。「精神的不調を感じる保護者」(福島44.6％、山形75.3％)。「身体的不調を感じる保護者」(福島36.4％、山形63.3％)。「精神的不調を感じる子ども」(福島23.0％、山形32.9％)。「身体的不調を感じる子ども」(福島15.9％、山形33.0％)という結果であった。

家計に関する項目では、「収入が減少」(福島28.7％、山形55.7％)。「出費や支出が増加」(福島77.5％、山形94.3％)となっている。

家族関係の変化では、「家族みんなで過ごす時間が減った」(福島18.0％、山形84.8％)。「夫婦間での意見の相違や喧嘩が増えた」(福島28.2％、山形46.2％)となっている。

近隣・地域関係の変化では、「近所付き合いがなく孤立している」(福島15.9％、山形48.1％)。「近所付き合いが難しくなった」(福島16.9％、山形50.7％)という結果であった。

親の精神的ストレスと子どもへの影響では、「保護者の精神的不調が高い」群では子どもの精神的不調が高い割合41.7％、低い割合58.3％となっている。一方、「保護者の精神的不調が低い」群では子どもの精神的不調が高い割合7.5％、低い割合92.5％となった。

(2) 現状からの考察

今回のアンケートの結果を見ると、親、子どものストレスは震災直後と比較

すると減少している。しかし、現時点でも母親のストレスは、いずれのストレス項目も東北、首都圏、東北及び首都圏以外の地域の順に高い。一方、「子どもを育てるのは楽しくて幸せだと思うこと」、「子どもがかわいくてたまらないと思うこと」という項目は東北が最も高い。

　子どもの変化では、高年齢児（3～6歳）に見られた、「母親に甘える様子が増えた」、「泣くことが増えた」、「寝つきが悪くなった」、「夜中に起きることが増えた」といったネガティブな変化が東北で最も高かったが、一方で、「自立や成長を感じる様子が増えた」、「周囲の人に対して優しい様子が増えた」というポジティブな変化も東北で最も高かった。

　配偶者の働き方では、「収入が減少した」、「勤務時間が長くなった」、「土日祝日の勤務が増えた」のいずれの項目でも東北が最も高く、労働条件の悪化が認められたが、一方で配偶者に関して思うことでは、「いざというときあなたと子どもを守ってくれる」、「育児の悩みの相談にのってくれる」、「子どもの一日の様子を聞いてくれる」のいずれの項目でも東北が最も高く、配偶者にポジティブな印象をもっていることがわかる。

　以上より、東北では、母親達はストレスが高い中、子どもへの思いがより強く見られ、子ども達もストレス反応を認めながらも、自立、成長、思いやりといったポジティブな変化が見られた。さらに配偶者の労働条件は悪化しているが、夫婦の信頼感は最も高いことが示された。いずれも困難な状況の中、人々の前向きさが明らかになった結果と思われる。

　また、幼稚園・保育園・その他の園・施設の取組みに関してはすべて東北の取組みが高くなっていて、保護者と園と信頼関係もできている。大変な危機的状況を他の地域より一層強く体験したことがこのような結果となっていると考えられるが、将来、他の地域においても今回のような震災に見舞われる可能性はあるのだから災害への取り組みは積極的に進めるべきであろう。

　しかしながら、避難生活を送っている人々に関しては、保護者も子どもも避難中の人が精神的・身体的不調を感じる率が非常に高く、家族関係でも、「家

族みんなで過ごす時間が減った」、「夫婦間での意見の相違や喧嘩が増えた」人が多く、深刻な状況をうかがわせる。

5 私たちが子どもたちにできること

　東日本大震災は、大規模地震、津波による災害と福島第一原発事故による災害が大きな特徴である。特に原発による事故はこれまでにない問題を引き起こしている。日本学術会議の東日本大震災対策委員会は、提言の中で次のように述べている。"事故後に次々と新たな問題が生じ、「何が起きているのか、何が起きるのか、いつまで続くのか」などの不安が引き続き、地震・津波災害当時に比べると低レベルではあるが、慢性ストレスとなっている。チェルノブイリの原発事故後の長期フォローでは親の不安の影響が強いといわれる[28]。"

　では、このような慢性ストレスを乗り越えるためにはわれわれは子どもたちのためにどのようなことができるのだろうか？

　ひとつは、子どもに問題が生じる方向に向けるリスク要因を減らし、望ましい方向に向ける防御要因を増やすあるいは固めることである。このことは、レジリエントな子どもを育てることにもつながる。二つ目は、困難な状況を体験した子どもに適切に対応することである。

　最大のリスク要因として、放射能に関する不安に起因するストレスがある。原発事故による放射能の問題は、見えない、臭わない、いわゆる感じることができないことから生じる不安が主となる。人間はわからないもの、自分でコントロールがつかないことに不安を募らせる。したがって放射能に関する正しい情報を得ることが不安を軽減させる第一歩となる。原発事故当初における出回った情報は人々の信頼性を失わせたが、現在は様々なレベルで正確な情報を得ることができるようになりつつある。正確な情報を得ることで、どこまでが危険でどこからが許容範囲かがわかり、自らどのように行動するかという自己決定が可能になる。さらに重要なことは、放射能汚染対策の主要な方策は国が

やらなければならないのはもちろんであるが、国や行政だけに任せるという考え方を改め、われわれも主体的に考え行動することである。すでに放射能に関して、実際に幼稚園や保育園に通う子どもをもつ親達は自主的に集まって、情報を持ち寄り、専門家を招いて正しい知識を得る等の活動を行っている。また、園や自治体に放射能の除染をするよう直接働きかけたりもしている。このような活動が今後も重要な対策となっていくであろう。

同様に、重要なリスク要因として、親が身体的・精神的不安定により役割を果たせないことがあげられる。母親が慢性的なストレスを抱えていて、親として機能できなくなっている場合、その影響は子どもが小さいほど大きい。子どもが生後2歳以下だと愛着形成に支障が生じる可能性もある。小林は、福島の放射線被害地域では、多くの大人たちは怒りや恨みの念を抱いており、これが子どもたちにも伝わっていて、その結果、子どもたちは親や大人たちに気を遣い、良い子を演じるが、ずっとがまんしていると、次第に感情コントロールがうまくいかなくなり、感情が爆発するとキレる、あるいは陰で悪いことをする、情緒不安定でわがままになる、非行化したり、トラブルメーカーになるとしている[29]。そこまでの事態に陥らなくとも、子どもたちが希望をもてなくなる、意欲的でなくなるなどの影響は大変心配である。

子どもの発達で述べたように、とくに2歳以下の子どもたち、さらにはこれから生まれてくる子どもたちにとっては、親、特に母親の健康状態が重要である。

したがって、子どもたちへの直接的な支援以外にも家族、とくに母親が安定した環境でいられるよう支援すること、さらに母親を支援する人の支援も重要になってくる。

それ以外にも、被災地への差別、風評、不公正など生じている場合、早期の是正が必要である。また教育や就労の機会を確保すること、今後生じる可能性のある経済的困窮への対応なども重要になってくる。そのためには計画的な国の支援を中心に、さまざまなレベルでの継続的な支援が必要となる。

さて、今回のアンケート調査は、原発事故中心であり、被災者のごく一部を対象とした結果ではあるが、困難やストレスに立ち向かい、震災前とは異なったポジティブと考えられる変化を得た人々もいることがわかった。困難な状況を体験した子どもたちも、いくつかの条件が必要ではあるが、今後困難を乗り越えて成長していく可能性もあるだろう。これまでみてきたように、困難な体験をした後に成長するプロセスとして、体験を認知し、想起し、他人に語ることが必要である。語るなかで、肯定的な側面を見出す、ポジティブな側面への焦点づけ、自己評価、メッセージ性をみつけることなどがあげられた。子どもたちだけでは難しいことが多いので大人がこのプロセスを支援することになる。

　一方、このような支援は専門家にまかせた方がよい場合もある。一見、深刻ではない体験と思っても、子どもにとっては重く受け止めていたり、心身へ影響が及んでいるかもしれない。また、安易に話を聞くことで、封印されていた過去の外傷体験を再び現実に引き戻し、収拾がつかなくなることがある。Stephanら[30]も、常にトラウマ体験をあれこれ考えるように促すのではなく、しばらくの間、悩み事を忘れさせてくれるような人生に肯定的で気分を高揚させる活動への参加を促すことも時には重要であるかもしれないと指摘する。できる限り心理専門職などが中心となり家庭の中、保育園、幼稚園、学校での活動の中でこのことを意識した取り組みをしていくとよいだろう。

おわりに

　子どもにとって、困難やストレスはリスクにも成長にもなり得る。今回、東日本大震災の発生を受けて、若干の考察をした。現時点では、東北地方に人たちの方が、震災による困難やストレスを抱えながらもポジティブな変化を認められた。しかし、復興にはまだまだ時間がかかることが明らかであり、持続的な支援が必要である。

　今回の震災の中でも原発事故は、これまでの災害とは異なり、慢性ストレス

とフラストレーションであるという特徴を踏まえた対応が必要となる。さらに、避難生活を強いられている等、困難やストレスが強度の場合は、優先的に支援が必要であろう。

　被災した人たちは今後、経済的、教育的、など社会的不利な立場に進みやすいことが予想される。そのようにならないためにも国・自治体をはじめ様々な支援が必要である。そのことが困難を経験してもより成長できる可能性を引き出せるのである。

注記

1）尾久裕紀、「リスクという観点からみた子どものメンタルヘルス」、『関西大学経済・政治研究所セミナー年報』、関西大学経済・政治研究所、2010。
2）尾久裕紀、「こどもにとってのリスクと成長」、『研究双書155　子どもの安全とリスク・コミュニケーション』、関西大学経済・政治研究所、2011。
3）大熊輝雄、『現代臨床精神医学』、金原出版株式会社、2008。
4）長田和子、「胎児期および乳児期における精神保健」、『臨床に必要な精神保健学』、弘文堂、2008。
5）前掲　長田和子、2008。
6）前掲　長田和子、2008。
7）岡田尊司、『シック・マザー』、筑摩選書、2011。
8）秋山一文、斉藤淳、「ストレスと精神障害」、Dokkyo Journal of Medical Sciences、33（3）、2006。
9）Mark W. Fraser, ed. Risk and Resilience in Childhood. 2004. 門永朋子、岩間伸之、山縣文治訳、『子どものリスクとレジリエンス』、ミネルヴァ書房、2009。
10）前掲　Mark W. Fraser、2004。
11）加藤敏；加藤敏、八木剛平編．『レジリアンス－現代精神医学の新しいパラダイム－』、金原出版、2009。
12）石原由紀子、「レジリエンスについて―その概念, 研究の歴史と展望―」、広島文教女子大学紀要42、2007。
13）前掲　尾久裕紀、2011。
14）前掲　Mark W. Fraser、2004。
15）宅香菜子、『外傷後成長に関する研究』、風間書房、2010。
16）前掲　宅香菜子、2010。

17) 前掲　宅香菜子、2010。
18) 前掲　宅香菜子、2010。
19) 前掲　宅香菜子、2010。
20) 前掲　宅香菜子、2010。
21) 安藤清志、「否定的事象の経験と愛他性」東洋大学社会学部紀要第47（2）、2009。
22) 前掲　安藤清志、2009。
23) Stephan J. Lepore, Tracey A. Revenson, Handbook of Posttraumatic Growth-Research and Practice, 2006.
24) 角田政志、「放射能の不安と子どもたち」、相談室だよりNo.76（2012年6月）、親と子と教職員の教育相談室、2012。
25) 福島大学子どもの心のストレスアセスメントチーム，「福島県における親と子のストレス調査結果報告（第三回調査）」、2011。
26) ベネッセ次世代育成研究所、「3.11東日本大震災の影響─子育て調査」、2012。
27) 渡辺顕一郎、山根純佳、「震災後の子育て家庭生活実態に関する調査報告書－福島県および山形内への避難者を中心に－」2012。
28) 日本学術会議、「提言－東日本大震災とその後の原発事故の影響から子どもを守るために」、2011。
29) 小林正幸、「震災と『心のケア』を語る～子どもたちの心のケアは被災地だけの問題ではない」http://www.manabinoba.com/index.cfm/6,18052,12,html（2012年5月23日）。
30) 前掲　Stephan J. Lepore, 2006.

クロスロード

テーマ：親子のメンタルヘルス

尾久裕紀

1. あなたは1歳の男の子をもつ母親。

結婚生活3年目になるが、夫とは相性が合わず、絶えず喧嘩している。夫は時に興奮し、直接の暴力はないものの、あなたを罵倒したり、ものを床に叩きつけたりする。子どもへの影響を考えると別居するか離婚することも考えている。

あなたは別居あるいは離婚をする？

YES or NO

以下作成　金子信也

2. あなたは避難所担当の職員

大規模震災後、現在、避難所となった体育館にいる。館内は被災者で溢れかえっている中、TVニュース番組のレポーターが、被災当時の状況を詳しく被災者の小学生から聴きだそうとしている。あなたは、そのまま撮影を継続させますか。

YES or NO

YES 撮影を継続の問題点：当該小学生のメンタルヘルス悪化（ASD、加えてPTSD）のおそれあり。

NO 撮影を中断させることの問題点：マスコミとの関係悪化。

3. あなたは登校拒否の小学生の子供を持つ親

　小学生の息子（娘）が、学校に行きたがらなくて、正直、困っています。出来れば、以前のように登校してもらいたいのですが、何やら理由がありそうです。あなたは無理にでも子供を説得して、登校させますか。
YES　or　NO

YES 登校させることでの問題点：息子のメンタルヘルス悪化のおそれあり。また、もし、いじめなどの被害にあっていた場合、事態を悪化させるおそれあり。
NO 無理に登校させないことでの問題点：学業が遅れる懸念。周囲から取り残された感に苛まれる。

第Ⅶ章　小学校受験におけるリスク・マネジメントに関する一考察

石　井　　　至

1　小学校受験に関するリスク・アセスメント
2　狭義のRM・リスク戦略
3　結論

　言うまでもないが、(広義の)リスク・マネジメント(以下、RM)は、リスク・アセスメント(リスクの推定と評価)とリスク・ストラテジー(狭義のリスク・マネジメント。リスク戦略)の2ステップで行われるのが一般的だ。
　私はとりわけ私立小学校受験とそれに伴う幼児教育の現場にいるので、RM的観点で、それらについて述べたいと思う。

1　小学校受験に関するリスク・アセスメント

　RMの第一ステップであるリスク・アセスメントは、あり得るリスクを想定すること、その被害額(影響度)と発生する確率を推定すること、そして確率における期待値を求める(リスク・スコアリングをする、あるいは、発生確率と影響度でマッピングする)ことで構成される。
　小学校受験に関するリスクを思いつくままに想定すると
(1)公立小学校に進学してしまうリスク(良い環境がないリスク、よい教育が受けられないリスク、放射能汚染された可能性のある給食を毎日強制され

るリスクなど)

(2)不適切なお受験勉強で子どもの性格が歪むリスク

(3)受験に失敗して対策に費やしたお金や時間が無駄になるリスク

(4)家庭に合わない私立小学校に進学するリスク

子育てに関するリスクも加えると

(5)母親がガミガミ言い過ぎて、話を聞かない子どもになるリスク

(6)知能を刺激できずに頭脳明晰な子どもにならないリスク

(7)病気がちな子どもになるリスク

(8)家庭が不安定で精神が不安定な子どもになるリスク

などであろうか。

仮にこの8つのリスクについて、ワーニング(Warning, A.E., Safety Management Systms)が紹介したリスク・スコアリングをしてみよう。

リスク・スコアリングでは、「R:リスク・スコア」、「C:被害程度 (1:影響が無視できる〜5:致命的な影響)」、「E:頻度 (1:年に1度程度〜5:いつも)」、「P:確率」と定義した上で、

$$R = C \times E \times P$$

で表わされる。

そして、Rが75以上の場合は最優先課題、27以下は要注意状態、その間がある一定期間内に要解決というのが判定の目安になるとされる。

では、それぞれのリスクに関して、私見ではあるがスコアリングをしたものが以下の表だ。

リスク	C	E	P	R
1	3	5	4	60
2	4	3	5	60
3	2	1	2	4
4	4	1	3	12

5	3	5	4	60
6	4	5	3	60
7	4	1	5	20
8	4	3	3	36

あるいは、フィンクの手法（Steven Fink, Crisis Management）で表わすこともできる。フィンクの手法では、危険発生確率を横軸に、危険衝撃度を縦軸にとり、4つの象限で分類する。

仮に、上記のスコアのPを危険発生確率とし4以上を第一・第四象限で表わし、Cを危険衝撃度とし4以上を第一・第二象限で表わすとすると、以下のようにグラフ化することができる。

縦軸：危険衝撃度
10

注意地帯 （イエロー・ゾーン） (4) (6)	危険地帯 （レッド・ゾーン） (2) (5) (7)
安全地帯 （グリーン・ゾーン） (3)	灰色地帯 （グレー・ゾーン） (1) (5) (8)

0　　　　　　　　　　　　　　　10　危険発生確率

0

2　狭義のRM・リスク戦略

次のステップは狭義のRMであるリスク戦略である。リスク戦略は、推定・評価したリスクに対し講じる具体的な対策を言い、狭義のRMと言われる。

リスク戦略は、「どのようなリスク処理手段を選ぶか」（リスク・アセスメン

トと呼ばれ、リスク・コントロールとリスク・ファイナンスがある)、「リスクをどの程度まで低減すればよいか」(ＡＬＡＲＰ原則やＨＳＩＳＥなどの考え方がある)の２つの点で記述される。

　ここでは、後者の点につき、ＡＬＡＲＰ原則に基づき、「許容不能なリスク水準」「ＡＬＡＲＰ水準(合理的に実施可能な限りリスクを下げる)」「一般的に許容できるリスク水準」の３つの段階で評価するとしよう。

リスク	リスク・アセスメント	ＡＬＡＲＰ原則
1	「リスク除去」の中の「リスク防止」 　公立小学校に行かずに済むように受験対策を一生懸命する	ＡＬＡＲＰ水準 　公立小学校に行っても死ぬわけではない
2	「リスク回避」 　適切な受験対策をすれば、性格が歪むことはない	許容不要なリスク水準 　受験対策で子どもの性格が歪むというのは看過できない
3	「リスク除去」の中の「リスクの防止」 　受験対策にお金をかけすぎない	一般的に許容できる水準 　しょせん受験対策の費用は、適切に塾を選べば膨大な金額にはならない
4	「リスク回避」 　学校説明会に行くなどして、学校に関する適切な情報を入手すれば、家庭に合わない学校は回避できる	ＡＬＡＲＰ原則 　家庭に合わない学校でも、必ず問題が起こるというわけでもない
5	「リスク・ファイナンス」の中の「リスク保有」 　ガミガミ怒らない母親は見たことがないし、注意しても直らない。	一般的に許容できる水準 　とりわけ男子は、いつもガミガミ言われているので、概ね人の話は聞かない
6	「リスク除去」の「リスクの防止」 　知能を刺激するノウハウのある先生から教わることができる	ＡＬＡＲＰ原則 　頭脳明晰の方がいいが、頭脳がぼぉ〜っとしていても死ぬわけではない

| 7 | 「リスク除去」の「リスクの防止」
乳児の時期から、こまめに定期健診に通うことで、問題があれば早期発見・早期治療ができる | ＡＬＡＲＰ原則
先天性の問題がある場合があるから、許容できないとは言えない |
| 8 | 「リスク除去」の中の「リスクの制限」
夫婦間であらかじめ約束事を決めて標準化することでもめ事は減る。また、結婚するときのチェック事項を確立することで結婚後の夫婦の性格の不一致などは減らせる。 | 一般的に許容できる水準
毎日平穏な家庭は存在しない。 |

3　結論

　以上から、フィンクの手法で危険地帯にある２・５・７のリスクのうち、対策のやりようがある２と７については、特に気を付けるべきだというのが結論になろうか。
　つまり、適切な幼児教室を選ぶことで子どもの性格を歪ませないで受験対策はすることができるし、受験のために性格を歪ませるなどは許させることではない。また、出産後からまめに子どもが健康診断を受けることで病気を早期に発見することができる。子どもが病気になると親は自分のこと以上に心配になるものだ。

以上

クロスロード

１．あなたは：東京に住む、５歳の子どもを持つ親
状況：子どもが幼稚園の年長さんになった。学区の公立小学校は学級崩壊があるなど評判はすごぶる悪い。しかし、私立小学校に行かせるにはお金がかかるし、通学にも時間がかかり心配だ。ここであなたは、私立小学校受験をさせる？

　YES（受験させる）or NO（受験させない）？

第Ⅷ章　わが国のプライバシー・個人情報保護法制の将来像の探求
――「ECプライバシー研究報告」におけるわが国の個人情報保護法制の「有効性」に関する評価を端緒として――

髙 野 一 彦

　　はじめに
　1　問題意識
　2　企業から見た「有効性」
　3　データ保護の国際的整合
　4　番号法における国際的整合
　5　むすびにかえて　――個人情報保護法制における監督機関と罰則――

はじめに

　近年、ビックデータに関する様々な事案が問題になっている。たとえば鉄道会社が、同社のICカードの利用履歴から個人識別情報を除いた情報を他社に販売したことが社会的な批判を浴びた事案、レンタルDVDなどの事業を展開する会社が、同社のポイントカード会員のドラッグストアでの購入履歴データを販促活動などに利用したことが社会的な非難を浴びた事案などがある。またインターネット上で検索サービスなどを提供する会社が、2012年3月1日にプライバシーポリシーを変更し、同社が提供する60以上のサービス利用者の情報を統合管理することを発表したところ、わが国の総務省や諸外国のデータ保護機関からプライバシー侵害の懸念がある旨の指摘を受けた事案もある。一方、アメリカではインターネット上に流通する膨大な情報を解析して、個人の位置情報を抽出し、これを犯罪に利用した事案などが報告されている。

ICT（Information and Communication Technology、情報通信技術）の発展は、利用者に利便性を提供する反面、様々なリスクも顕在化させている。「こども」のインターネット利用者が増加し、また様々なカードを当然のように所有する現在、これらの利用の際に情報を収集され、様々な用途に利用されているという認識が低い「こども」が特に高いリスクにさらされていることは論を俟たない。

　このような状況において本研究は、わが国におけるプライバシー・個人情報保護法制の国際的な評価を、情報収集の主体である企業の視点から俯瞰的に検証し、わが国のプライバシー・個人情報保護法制の将来像の探求を試みた。

1　問題意識

　2010年1月20日に欧州委員会（European Commission, EC）が公表した「特に技術発展に焦点を当てた、新たなプライバシーの課題への異なるアプローチの比較研究」（以下「ECプライバシー研究報告」という。）[1]において、オーストラリアのニューサウスウェールズ大学のグレアム・グリーンリーフ教授（Dr. Graham Greenleaf）がわが国に関する調査を行っている。同教授の調査結果「Country Studies B.5–Japan」において、わが国のデータ保護法制は、欧州連合（European Union, EU）の「個人データ処理に係る個人の保護及び当該データの自由な移動に関する1995年10月24日の欧州議会及び理事会の95/46/EC指令（以下「EUデータ保護指令」という。）」[2]におけるデータ保護の「十分性（adequacy）」を充足していると判断することは困難であると結論付けているが、その根拠として「私企業にとっては、法律違反による多額の罰金や集団訴訟よりも、風評リスクによる損害（risk of reputational damage）のほうが重要」であり、わが国の法律が有効であるとの根拠を見いだせないと指摘している[3]。

　同教授の調査結果を拝読して感じることは、データ保護の「十分性

（adequacy）」は法律や制度の外形的要件と執行（enforcement）の状況も然ることながら、有効性（effectiveness）、すなわち企業においてルールがデータ処理の規範として有効に機能しているかどうかが要件として評価されていることである。

EUデータ保護指令の「十分性」の基準として「個人データの第三国への移転：EUデータ保護指令25条及び26条の適用の実務文書」[4]があり、第1章「何が"十分な保護"を構成するか？（What constitutes "adequate protection"?）」において、「手続／執行の仕組み（Procedural/ Enforcement Mechanisms）」の中に「ルールへの優れたレベルのコンプライアンス」（good level of compliance with the rules）があることが要件として示されている。しかし、オーストラリアが欧州委員会に対して2000年プライバシー修正（民間部門）法（Privacy Amendment (Private Sector) Act 2000）の十分性の認定を申請し、これに対して2001年1月26日に第29条作業部会は保護水準が不十分とする意見を公表しているが[5]、主に法律や制度の外形的要件と執行の状況に対する指摘であり、有効性についての指摘がほとんど見当たらなかった。

しかしグリーンリーフ教授によるわが国の調査結果からすると、わが国の新たなデータ保護法制を研究する場合、情報法分野の比較法研究による立法提案だけでは十分とはいえず、これらの法律を遵守する側の企業のコンプライアンス研究と一体になり、どのような法や制度を設計すれば有効に機能するのか探求する必要があるのではないだろうか。

そのような中、2013年5月24日に行政手続における特定の個人を識別するための番号の利用等に関する法律（以下「番号法」という。）が成立した。同法は社会保障及び税分野に限定されるものの、その立法の過程で内閣官房社会保障・税に関わる番号制度に関する実務検討会およびIT戦略本部企画委員会の下に設置された「個人情報保護ワーキンググループ」（座長・堀部政男一橋大学名誉教授）において、EUデータ保護指令や「プライバシー・バイ・デザイン」等の国際的なプライバシー保護の考え方に配慮した制度を検討しており、

その結果として同法は「国際的にも通用する強度」[6]（堀部政男一橋大学名誉教授）と評価されるデータ保護の制度を備えることとなった。

　本稿は、このような問題意識を端緒として、わが国の企業が置かれている状況や情報管理に関する特有の問題を整理し、コンプライアンス研究の立場からデータ保護の「有効性」を探求し、また番号法の立法過程で考慮された国際的整合を検討した上で、わが国の個人情報保護法制におけるデータ保護のあり方に関する提言を試みる。紙面の関係上、広い分野のすべてを詳細に論じることは不可能であるため、概括的に論じることをご容赦頂きたい。

2　企業から見た「有効性」

(1)　コンプライアンスへの取組みの現状

　企業がわが国の情報法をデータ処理の規範として尊重し、遵守するかどうかは、それぞれの企業が置かれている状況により違いがある。

　第一は、株式会社の類型による違いである。大会社や委員会設置会社は会社法により内部統制システムの整備に関する事項の決定を義務付けられており、有価証券報告書提出会社は金融商品取引法により内部統制報告制度が義務付けられている。このような法律上の義務や株主のプレッシャーから解放され、経営上の選択肢を広げることが企業の発展に寄与するとの判断から上場を廃止する企業もある。

　第二は、企業法務におけるリスク評価の問題である。企業にはさまざまなリスクがあるが、限られた資源で対策を講じるためリスクに優先順位をつける。優先順位は一般に発生頻度と損失により評価する。したがって法的リスクは、当該分野の訴訟や行政行為などが、この2つの点で脅威かどうかにより企業の取組みに違いがでる。

　第三は、事業形態による違いである。法人顧客相手の事業と個人顧客相手の事業では、取組みに違いがでる。たとえば消費者に対して商品・サービスを提

供する企業は、消費者の不信を招く情報の利用などが商品・サービスの不買運動につながることを恐れるが、インターネット広告のように法人顧客からの収入で成り立っている企業は消費者の信用低下を重要なリスクと捉える必要がないため、現行法制度の間隙をつく挑戦的なデータ利用を行う傾向がある。

　本項では企業が置かれている立場や状況の違いを俯瞰的に検討し、わが国の情報法が企業においてデータ処理の規範として有効に機能するための要件の抽出を試みる。

(a)　株式会社の類型による違い

　2005年6月29日に成立し、翌年5月1日に施行された会社法では、取締役会設置会社の場合、内部統制システムの内容は、取締役会の権限等（362条）として、「取締役の職務の執行が法令及び定款に適合することを確保するための体制その他株式会社の業務の適性を確保するために必要なものとして法務省令で定める体制の整備（いわゆる「内部統制システム」）」（362条4項6号）につき、「大会社である取締役会設置会社においては、取締役会は、前項第6号に掲げる事項を決定しなければならない」（362条5項）としている[7]。

　体制整備の内容は法務省令に委任されおり、2006年2月7日に公布された会社法施行規則100条1項「業務の適正を確保するための体制」の各号に、①情報の保存管理体制、②リスク管理体制、③効率性確保の体制、④使用人のコンプライアンス体制、⑤企業集団のコンプライアンス体制、の5項目が内部統制システムの具体的内容として規定されている。

　特に、「使用人の職務の執行が法令及び定款に適合することを確保するための体制」（4号）、および「当該株式会社並びにその親会社及び子会社から成る企業集団における業務の適正を確保するための体制」（5号）は、自社のみならず企業グループのコンプライアンス体制の整備を親会社等の取締役の義務とした規定である。これは1993年の商法改正以降、増加傾向にあった株主代表訴訟を一層増加させ、また取締役の任務懈怠と損害との因果関係の要件を充足

すれば、第三者に対する責任が問われる可能性もある。つまり会社に対する任務懈怠責任（423条）や、第三者に対する責任（429条）を根拠として株主又は第三者による違法行為の摘発を促し、これを抑止力として企業活動の適法性を確保するという法の目的の実現を意図していると解される。対象となる会社は「内部統制の基本方針」を取締役会で決議することとなる。

会社法における本規定は、大和銀行株主代表訴訟など多数くの裁判例、および神戸製鋼株主代表訴訟事件の和解の際に公表された神戸地方裁判所の所見などから、取締役の善管注意義務としてのコンプライアンス体制およびリスク管理体制を明文化したものである[8]。

米国ニューヨーク支店の行員による無断かつ簿外での米国財務省証券取引による多額の損失の賠償を求めた大和銀行株主代表訴訟の甲事件における大阪地方裁判所判決[9]では、リスク管理体制およびコンプライアンス体制の整備が取締役の義務であること、同整備の大綱と執行は取締役会で決定すべきこと、取締役は代表取締役らがこれらの体制を構築しているかどうかを監視する義務があることなどがその要件として示された。また、総会屋に対する利益供与等を巡る神戸製鋼株主代表訴訟事件[10]で、和解に際して公表された神戸地方裁判所所見では、「取締役は健全な会社経営を行うためには違法行為などがなされないよう、内部統制システムを構築すべき法律上の義務があ」るとの判断を示した。

このような裁判例および所見等から、コンプライアンス体制の整備等に関する現行会社法における取締役の義務が明文化されるに至ったが、どの程度の体制を構築すべきかは「経営判断の問題であり、会社経営の専門家である取締役に広い裁量が与えられている」（大和銀行事件大阪地裁判決）、「いわゆる経営判断原則が妥当する」（ヤクルト本社事件東京地裁判決[11]）として、経営判断原則の範疇であるとの判断を示した。

一方、2006年6月7日に成立し、翌年9月30日に施行された金融商品取引法において、有価証券報告書提出会社に「内部統制報告制度」が義務付けられ

た。同法における「内部統制」は、財務報告の信頼性の確保および公正な情報開示を目的としている。同法における内部統制報告制度のプロセスは次のとおりである。まず有価証券報告書提出会社は、有価証券報告書の記載内容に係る「確認書」について、「内閣府令で定めるところにより当該有価証券報告書の記載内容が金融商品取引法に基づき適正であることを確認した旨を記載した確認書（以下「確認書」という。）を当該有価証券報告書と併せて内閣総理大臣に提出」（24条の4の2　第1項）しなければならない。つぎに事業年度ごとに、「当該会社の属する企業集団及び当該会社に係る財務計算に関する書類その他の情報の適正性を確保するために必要なものとして内閣府令で定める体制について、内閣府令で定めるところにより評価した報告書（以下「内部統制報告書」という。）を、その者と特別の利害関係のない公認会計士又は監査法人の監査証明を受けた上で、有価証券報告書と併せて内閣総理大臣に提出」（24条の4の4　第1項）しなければならない。

　罰則については、「内部統制報告書若しくはその添付書類等に重要な事項につき虚偽の記載のあるものを提出した者は、五年以下の懲役若しくは五百万円以下の罰金に処し、又はこれを併科」（197条の2第6号）としている。

　その具体的な運用は、金融庁企業会計審議会内部統制部会が2005年12月8日に公表した「財務報告に係る内部統制の評価及び監査の基準」および2007年2月15日に公表した「財務報告に係る内部統制の評価及び監査に関する実施基準」による[12]。実施基準において金融商品取引法における内部統制の定義および概念的な枠組みを示した「I　内部統制の基本的枠組み」の中で内部統制を、「業務の有効性及び効率性、財務報告の信頼性、事業活動に関わる法令等の遵守並びに資産の保全の4つの目的が達成されているとの合理的な保証を得るために、業務に組み込まれ、組織内のすべての者によって遂行されるプロセス」と定義している[13]。ここでいう内部統制の目的としての「事業活動に関わる法令等の遵守」の対象は、不正会計や有価証券報告書虚偽記載など財務報告に係る法規に限定にされておらず、事業活動を行っていく上で、遵守すること

が求められる国内外の法律、命令、条令、規則等、並びに組織の外部からの強制力をもって遵守が求められる規範、および組織が遵守することを求められ、又は自主的に遵守することを決定したもの、と規定している[14]。

したがって、金融商品取引法の「財務報告に係る内部統制」において遵守すべき対象の法令は、結果として会社法における内部統制システムが遵守の対象とする法令の範囲と大きな相違はないと考えられる。つまり企業における内部統制システムの構築は、会社法と金融商品取引法が「入口と出口」の関係にある。大会社および委員会設置会社は会社法に基づき取締役会において内部統制の基本方針を決定し、この方針に基づき内部統制システムを構築・運用する。ここで構築した内部統制システムは、有価証券報告書提出会社であれば金融商品取引法に基づき決算期に作成する内部統制報告書の「全社的な内部統制」として、監査人の評価を受けることとなる。なお会社法及び金融商品取引法は、海外に事業を展開するにあたっては、わが国のみならずその国の法令や規範への遵守も求めている[15]。

このように、大会社および委員会設置会社には会社法における内部統制システム構築義務が、また有価証券報告書提出会社には金融商品取引法における内部統制報告制度の義務がかかっており、これが経営者に対してコンプライアンス経営を促すモチベーションになっている。

(b) 企業法務におけるリスク評価の問題

企業法務の視点から、データ保護に関して考慮すべき事項を検討する。

第一は、行政行為である。2003年5月23日に成立し、同年5月30日に一部施行された個人情報の保護に関する法律（以下「個人情報保護法」という。）では、個人情報取扱事業者の義務違反に対する罰則は32条から35条に規定されている。主務大臣に対して行政上の義務の履行のために、「報告の聴取（32条）」「助言（33条）」「勧告（34条1項）」「命令及び中止命令（34条2項、3項）」の権限を定めている。また主務大臣の命令に違反した場合における罰則

も定めており、行為者のほか法人等をその対象とする両罰規定となっている。

　消費者庁が公表した「平成23年度個人情報の保護に関する法律施行状況の概要」によると、2011年4月1日から翌年3月31日（平成23年度）の間に、地方公共団体及び国民生活センターに寄せられた個人情報に関する苦情相談は合計5,267件、事業者が公表した個人情報の漏えい事案件数は420件であったが、主務大臣等が行った勧告、命令及び緊急の命令は0件であった。またその前年度は、苦情相談6,212件、漏えい事案件数413件に対して主務大臣等が行った勧告、命令及び緊急の命令は同様に0件であった[16]。2005（平成17）年度の苦情相談の件数（14,028件）、および漏えい事案件数（5,267件）と比較すると減少しているとはいえ、主務大臣による勧告、命令及び緊急の命令に至る可能性は高いとはいい難い。

　第二は、本人からのプライバシーの侵害を根拠とした訴訟である。京都府宇治市から住民基本台帳データ約22万人分が流出した事件で、宇治市民らが宇治市に対して起こした損害賠償請求訴訟において、大阪高等裁判所は2001年12月25日、プライバシーの侵害を認め1人あたり慰謝料1万円と弁護士費用5,000円の支払いを命じた[17]。

　また、1998年11月28日に早稲田大学が中国の江沢民主席の講演会を開催した際、参加希望学生の氏名、学籍番号等を記載した名簿を本人の同意なく警視庁に提出したことにつき、同大学の学生3人がプライバシーの権利の侵害を根拠に慰謝料を請求した事件の上告審において、最高裁判所は2003年9月12日、上告人らのプライバシーを侵害し、不法行為を構成するとして控訴審判決を破棄し差戻した[18]。2004年3月23日、差戻し後の東京高等裁判所判決では慰謝料として1人あたり各5,000円の支払いを命じたものの、弁護士費用は認めなかった[19]。

　この他にも数多くのプライバシーの権利の侵害に関する判例が存在するが、おおむね賠償額は1万円から数万円の間である。近年、名誉毀損事件の慰謝料が高額になる傾向があり、名誉棄損行為への抑止力としての効果を期待されて

いるが、これと比較するとプライバシーの権利の侵害に関する損害賠償額は極めて低い。

　企業には様々なリスクがあり、限られた資源で全てのリスクに対応することは不可能である。したがってリスク評価を行い、優先順位の高いリスクを中心に対応を行う。このリスク評価は一般に発生頻度と損失規模によって行う。個人情報保護法における主務大臣の権限行使の頻度の低さ、またプライバシー侵害訴訟における損害賠償額の低さは、企業における当該リスクの優先順位を低くしているのではないかと憂慮する。

(c) 事業形態による違い

　事業形態が法人顧客相手なのか、または個人顧客相手なのかにより、企業のコンプライアンスへの取組みに違いが出る。家電製品や教育教材など、消費者に対して商品・サービスを提供する企業が消費者の不信を招く行為を行った場合、商品・サービスの不買運動につながる可能性がある。不買運動は事業の根幹を揺るがす重要なリスクである。したがって顧客の個人情報が蓄積し、膨大なデータベースを構築しても、社会受容性が低く顧客の不審を招く利用は避ける傾向がある。その一方でインターネット広告のように法人顧客からの収入で成り立っている企業は消費者の信用低下を重要なリスクと捉える必要がない。

　このような事業形態の違いは、社内の運用ルールを法律の規定よりも厳しく設定するか、現行法制度の間隙をつく挑戦的な設定をするかの違いとして現れる。たとえば、個人情報保護法における第三者提供などの「同意」を約款の条項として記載する方法について、法的な有効性と社会受容性に乖離があるとの指摘がある。社会受容性を考慮するかは、事業形態の違いが少なからず影響を及ぼすものと考えられる。

(2) 企業から見た「有効性」の課題　―罰則と監督機関の効果―

　前述のように企業から見た「有効性」は、法律上の義務の有無、執行状況、

消費者の影響により違いがある。検討結果を概括すると、非大会社または非公開会社であり、法人顧客対象の事業を行っている企業は「有効性」を担保するプレッシャーが全くかかっていないことになる。加えて個人情報保護法における主務大臣による権限行使の可能性が低く、また本人からのプライバシーの権利侵害を根拠とする訴訟も優先順位が高いリスクとして考慮する必要がない状況にある。これは小規模事業者や、小資本で起業できて多額の設備投資が不要なため株式公開による資金調達や借入れの需要が少ないインターネットビジネスのような業態が該当することになる。しかしこれらの事業者は、国際的にみればデータ保護に関するルールが最も有効に機能して欲しい分野である。これが、わが国におけるデータ保護の「有効性」に関する課題ではないかと思料する。

このような課題の解決のために、現行の個人情報保護法では「個人情報」の定義に該当しないデータの取扱いに関するルールの定立とともに、明確な罰則の規定と監督機関による確実な執行が必要ではないだろうか。罰則に関しては、特に個人情報保護法制における刑事罰の問題を後述することとし、本項では監督機関に関しカナダの事例を紹介したい。

筆者は2011年8月、カナダ・オンタリオ州トロントを訪問し、プライバシー・コミッショナー（Privacy Commissioner）制度の設計と運用に関する調査を行った[20]。カナダでは、プライバシー保護に関する監視と紛争処理機関として、プライバシー・コミッショナー（Privacy Commissioner）を、また情報公開における同様の機関として情報コミッショナー（Information Commissioner）を置いている。カナダにおけるコミッショナーはオンブズマンであり、政府から独立した公務員として議会に対して責任を負って官民双方を監視する。所掌事務は、法の遵守監視と執行、国民への情報提供と教育啓発、事業者の相談、およびプライバシー影響評価と検査などである。

オンタリオ州においては、「Privacy by Design」の提案者であるアン・カブキアン博士（Dr. Ann Cavoukian）が、情報とプライバシーの双方のコミッ

ショナー（Information and Privacy Commissioner, IPC）を務めている。コミッショナーは強制調査権を有しており、市民からの不服申立に関する調査を行い、勧告により紛争解決を図るが、市民からの不服申立がなくとも自己付託（incidents）として調査行い、勧告により解決しない場合は自ら提訴し、または訴訟参加者（Intervener）として第三者の訴訟に参加する権限がある。

オンタリオ州 IPC 事務局は約 140 人の職員のうち約 70 人は情報公開、残りはプライバシーを担当している。年間の予算は 14 億円程度であり、そのほとんどは職員の人件費である（2010-2011 年度）[21]。

運用事例として東オンタリオ小児病院（The Children's Hospital of East Ontario, CHEO）のエルイーマム博士（Dr. Khaled El Emam）にヒアリングを行った。CHEO はオンタリオ州の新生児の登録情報データベースを新薬や治療技術の開発などに利用している。このデータベースのシステム構築、患者からの情報取得と研究者等への情報提供の一連のスキームに関して、初期段階から IPC 事務局と相談を行いシステム構築と情報提供の一連のスキームにプライバシー保護の仕組みを導入し、プライバシー影響評価と複数回の検査を経てデータベースの運用を行っている。

エルイーマム博士によると、システム構築と情報提供スキームの設計段階での相談は、事業者側にとっても時間と経費の低減につながり有益であったし、コミッショナーによる監視と執行は事業者の意識を高め、オンタリオ州のプライバシー保護レベルを維持するために有効に働いているとの感想を語っていた。

監督機関による監視と執行が事業者のコンプライアンス意識を高めている点は、小規模事業者やインターネットビジネスにコンプライアンス経営を促すプレッシャーが低いわが国において、その「有効性」を高めるための示唆を含んでいると思われる。

3 データ保護の国際的整合

(1) 企業におけるプライバシー・個人情報保護のもうひとつの課題

　前述のようにコンプライアンス経営を促すプレッシャーがほとんどかからない事業者が存在する一方、強いプレッシャーを受けている大会社や公開会社などは、真摯に対応すればするほどコンプライアンス体制の構築・運用に多大な労力と費用がかかる構造になっている。

　第一は、国内法規への対応である。わが国には民間部門を対象とする個人情報保護法があり、同法に基づく27分野40のガイドラインが各省庁から公表されている。自治体では47の都道府県と、1,742の指定都市を含む市・町・村及び特別区[22]で個人情報保護条例を設けている。またプライバシーマーク制度があり、プライバシーマークの認証を希望する企業はJIS Q 15001への準拠が求められる。個人情報保護法、自治体の条例、プライバシーマークで微妙にその内容が異なり、企業はその全てに対応する必要がある。また、これらの法規は個人情報を取得した時に明示した利用目的を超えた利用を禁止しており、企業はこのために多額の費用をかけて既存のデータベースを改修し、目的外利用を制限している。

　第二は海外の法規への対応である。特にEUデータ保護指令は、25条1項において個人データの国際移転に関する規制を設けており、「十分なレベルの保護（adequate level of protection）」でない第三国に対して情報の移転を行う場合は、同指令26条の規定により例外対応を行う必要がある。このデータ保護スキームへの対応はグローバル企業にとって負担が大きく、EUによりプライバシー保護の十分性を認定されているカナダなどの国・地域に所在する企業や、セーフハーバー（Safe Harbor）[23]に参加するアメリカ企業と比べると多大な費用と労力を費やす結果となっている。

　ところが近年、企業における現行のプライバシー・個人情報保護にかかるコ

ンプライアンス・プログラムを見直す必要が生じている。EU においては 2012 年 1 月 25 日「個人データの取扱いに係る個人の保護及び当該データの自由な移動に関する欧州議会及び理事会の規則の提案」(以下「EU 一般データ保護規則提案」という。)[24] を公表し、またアメリカにおいて 2012 年 2 月 23 日、オバマ大統領が署名した政策大綱「ネットワーク社会における消費者データプライバシー:国際的デジタル経済におけるプライバシー保護と技術革新を促進する枠組み」の中で、「消費者プライバシー権利章典」(Consumer Privacy Bill of Rights) が提言されている[25]。前掲の番号法は、その立法過程でこのような「国際的整合」を意識したプライバシー議論を行っている。

これら国内外の法規及び提言は、前項において指摘した会社法や金融商品取引法による内部統制に関する経営者の義務と相乗効果を発揮し、大会社および公開会社に対して情報法コンプライアンスへの取組みを促しているが、法律上の義務がかからず、株主や消費者からのプレッシャーが希薄な小規模事業者やインターネットビジネスなどの事業者との差をますます拡大させていると考えられる。

(2) EU におけるわが国の評価

EU におけるわが国のデータ保護に関する評価は高くない。2010 年 1 月 20 日に欧州委員会が公表した「EC プライバシー研究報告」の中で、わが国の評価を行ったグリーンリーフ教授は、インターネットにおいて現行法が適用されない場合があること、越境データ移動が制限されていないこと、開示請求などのデータ主体の権利行使が困難であること、独立した監督機関が存在せずデータ流出に関する通知や事業者の登録制度がないこと、などを主な理由として「日本の企業のデータ・コンプラインスが他の国の企業よりもより良いとする証拠はない」[26]と指摘し、これを根拠として「保護の十分性」に関して肯定的な評価を避けている[27]。

グリーンリーフ教授は、2009 年に Privacy Laws & Business International

に発表した論文の中で「アメリカを除くアジア・パシフィック地域における
データ保護原則は、APEC プライバシー・フレームワークの影響は小さいが、
OECD ガイドラインと EU データ保護指令の影響が強く、時間とともにその
影響は強くなっている」と評価している[28]。前掲、EC プライバシー研究報告
では同論文を引用し「欧州で開発されたデータ保護の原則や規則などは世界中
で支持されており、アジア・パシフィックにおいても多くの地域の立法の根拠
として採用されている」と指摘している[29]。ここでいう「欧州で開発された
（略）原則や規則など」とは、CoE 個人情報保護条約や EU データ保護指令な
どを指していると思われる。

(3) EU データ保護指令における十分性と第三国への影響

EU データ保護指令は、プライバシーの保護と個人データの自由な流通の確
保を目的とし、公共部門と民間部門の双方における、個人データの処理（自動
処理および一部のマニュアル処理）に対して適用される。指令（Directive）は、
加盟国が指令に基づき国内法として立法義務を有する[30]。従って、EU データ
保護指令は、EU 加盟 27 か国および欧州経済領域（European Economic Area,
EEA）構成国であるノルウェー、リヒテンシュタイン、アイスランドに対して、
同指令の規定に従った国内法の整備を求めている。

前掲、EC プライバシー研究報告において、EU データ保護指令は「アジア・
パシフィックにおいても多くの地域の立法の根拠として採用されている」と評
価しているが、その根拠は個人データの国際移転の制限が規定されているため
である。同指令 25 条 1 項において、第三国が「十分なレベルの保護」を確保
している場合に限ってデータの移転を行うことができることを規定し、十分で
ない第三国に移転する場合は 26 条の規定により本人の同意を得るか、拘束的
企業準則（Binding Corporate Rules, BCR）または標準契約（Standard
Contractual Clauses, SCC）により、各国のデータ保護機関による事前の権限
付与（authorization）を受ける必要がある。BCR の承認には 3 つのデータ保

護機関のレビューが必要である。さらに原則としてデータ処理内容をデータ保護機関に通知する義務もある。

EUデータ保護指令25条1項に規定された「十分性」の認定は、第三国の代表による公式な要請が欧州委員会に提出された場合、EUデータ保護指令第29条作業部会（Article 29 Data Protection Working Party）が評価を行い欧州委員会が最終判断を行う[31]。わが国は「十分性」の認定手続きを申請していないため、EUにとってわが国は保護水準が不十分な第三国となる。したがって、EU構成国またはEEAに所在する企業が日本に個人データを移転する場合は前掲の例外的措置を利用することになるが、諸手続きの煩雑さと多大な対応費用がかかることから、そもそも個人データを日本に移転せず、EU域内で完結する場合も少なくない[32]。

グローバルに事業を展開する企業にとって、個人データの国際間の流通を規制されることは、事業の発展に多大な影響を及ぼすこととなる。たとえば、日本企業がEU構成国の企業を買収した場合、原則として買収先企業の従業員の人事データを日本本社に送ることがでず、また消費者等のデータを送ることができない。そうなれば、買収した企業の管理を行うことはできず、単に財務諸表に売上利益を連結するにとどまるのである。

このように個人データの移転に関する制限が第三国の経済や企業活動に及ぼす影響は大きく、これが「多くの地域の立法の根拠として採用」されている理由である。

(4) EUデータ保護指令との整合

このような国際的な情勢から、番号法の立法過程で個人情報保護ワーキンググループが留意した「国際的整合」について、主にEUデータ保護指令の十分性から検証を行うこととする。

EUデータ保護指令の「十分性」の基準として、前掲の「個人データの第三国への移転：EUデータ保護指令25条及び26条の適用の実務文書」がある。

また、2001年1月26日に第29条作業部会がオーストラリアに対して2000年プライバシー修正（民間部門）法の保護水準が不十分とする意見を、その理由とともに公表している。これらの文書から、わが国の個人情報保護法の十分性に関する検証を試みる。

第一は、監督機関である。EUデータ保護指令28条に規定する監督機関は、公的部門および民間部門の双方を監督の対象とすることから、完全なる独立性（complete independence）が求められている。わが国の個人情報保護法では5,000件を超える個人データを保有する個人情報取扱事業者に対し、主務大臣が行政権限により関与することになっているが、EUデータ保護指令における監督機関とは「基本的に異なる」[33]機関である。なお公的機関を監督する機関は存在しない。

第二は、データ主体の権利行使である。EUデータ保護指令12条に規定するアクセス権（right of access）は、データ主体が保存されているデータに関する情報を取得し、修正、消去するなどの権利としており、「加盟各国は各データ主体に管理者から得る権利を保障しなくてはならない」ものとしている。さらにデータの主体に対し、与えられる権利として、異議申立権（14条）、自動処理された個人決定に服さない権利（15条）がある。さらに一部の例外を除いて、監督機関に対しデータ処理の適法性に関する捜査請求をすることができる（28条4項）。このようにEUデータ保護指令は、開示請求などを本人の「権利」として規定している[34]。一方、わが国の個人情報保護法25条に、本人の開示請求に関する規定を設けているが、事業者の義務としているに留まり、開示の求めを本人の「権利」として規定していない[35]。

第三は、特別なカテゴリーのデータの処理である。EUデータ保護指令8条1項において「人種、民族、政治的見解、宗教、思想、信条、労働組合への加盟に関する個人データの処理、もしくは健康又は性生活に関するデータの処理」を原則として禁止している。しかし、わが国の個人情報保護法における定義規定では、個人情報、個人データ、保有個人データとして規定されているが、

その内容や性格により取扱いに違いはない。この点は前掲のオーストラリアの2000年プライバシー修正（民間部門）法の十分性認定申請に対する第29条作業部会の意見書においても、センシティブ・データは収集のみに制限があり、「National Privacy Principle (NPP) 2 に規定された健康データ以外のセンシティブ・データの利用又は開示について特別な制限又は条件がない」点を指摘している[36]。

　その他にもわが国の個人情報保護法は、個人情報データベース等を構成する個人情報によって識別される特定の個人の数の合計が5,000未満の事業者は個人情報取扱事業者に該当せず法の適用がない点、個人データの第三国への移転は当該第三国が十分なレベルの保護を確保している場合に限り行うことができるとする規定がない点など、「保護の十分性」が懸念されるいくつかの相違がある。これらは前掲のオーストラリアに対する第29条作業部会の意見書においても、1年間の売上が300万オーストラリアドル以下の小規模ビジネス（small business）への適用が除外されている点、また第三国への再移転（Onward transfers from Australia to other third countries）を禁止していない点を不十分性の理由として指摘している[37]。

(5)　EU 一般データ保護規則提案における論点

　このような中、EU は 2012 年 1 月 25 日「EU 一般データ保護規則提案」[38]を公表した。前述のように、指令（Directive）は加盟国の国内法の制定により実施されるため、加盟国間の法制度に違いがあり、グローバル企業がそれぞれの国における対応が必要であった。それに対して、規則（Regulation）はすべての加盟国において直接、法的拘束力を有しているため、EU 構成国及びEEA におけるデータ保護の基準が統一されることとなる。また「オンライン環境での信頼の構築は経済発展のカギである[39]」として、急速な技術発展により顕在化した新たな個人データ保護の課題に対応している。

　企業における情報法コンプライアンスの視点で留意すべき点は、第3条「地

域的な範囲」(Territorial scope)における域外適用(同条2項)、第7条「同意の条件」(Conditions for consent)、第17条「忘れられる権利」(Right to be forgotten)、第23条「データ保護・バイ・デザイン、バイ・デフォルト」(Data protection by design and by default)、第31条「監督機関への報告」(Notification of a personal data breach to the supervisory authority)、79条「行政制裁」(Administrative sanctions)に監督機関による課徴金(79条)であろう。このうち自己のデータに関するコントロールの向上を目的とした「忘れられる権利」に関しては、具体的な内容が明確になっておらず、また「データ保護・バイ・デザイン、バイ・デフォルト」は今後、欧州委員会が技術的基準を規定することとなっているため、これらを除く各条に関して発効後の企業への影響の観点から検討を行う[40]。

第一は、明確な同意取得のスキームの確立である。データ主体の同意に関して、公表文などの中で示される場合は、その他の内容と区別して明示される必要がある(7条2項)。企業は商品・サービスの申込の際に契約や約款の一部として同意を取得する場合があるが、明確な同意を求める本規則の発効により、現在の取得方法を見直す必要がある。

第二は、クライシス対応の組織及びルールの確立である。個人データ違反(personal data breach)を発見した場合、24時間以内に監督機関に報告する義務があり、24時間を超えて報告を行う場合は正当な理由が求められる(31条)。またデータ主体への迅速な報告・連絡の義務(32条)を規定している。企業は漏えいや不正使用などのネガティブ情報の収集と管理、経営者への報告、監督機関への報告、及び本人への連絡などの一連の対応を行う組織を確立し、手続きに関するルールを定立する必要がある。

第三は、罰則と域外適用である。本規則に違反した管理者や処理者に対して、最大100万ユーロ、又は年間世界売上の2%の課徴金が課される(79条)。またEU域内に設立されていなくとも域内のデータ主体の個人データを取扱う管理者が、EU域内のデータ主体に商品やサービスを提供する場合、または彼ら

の行動をモニタリングする場合に適用される（3条2項）。したがって、EU域内に所在し事業を行う企業は然ることながら、EU域外であってもインターネットを介して商品・サービスを提供する事業やクラウド、オンライン広告などの事業を行う企業は対象になる可能性がある。

なお、欧州委員会が第三国の「保護レベルの十分性」(adequacy of the level of protection) を認定する場合、「EUの監督機関と協力し、データ主体の権利行使を支援し、データ保護ルールの遵守を確実にする役割を果たす、独立した監視機関」の存在が要件となることが明記された（41条2項(b)）。これは「独立監視機関の設置を第三国にも求める」ものとして注目されている[41]。

4　番号法における国際的整合

(1)　番号法の立法過程における個人情報保護ワーキンググループの議論

番号法は社会保障・税番号制度の一端として、住民票コードの付番履歴を有する日本国民[42]と中長期在留者、特別永住者等[43]の外国人に「個人番号」を付番し、行政機関、地方公共団体及び関係機関の間で連携する情報システムに関する行政上の仕組みを規定している。個人番号を付番された個々人の所得等の情報を正確に把握し、これらの情報を年金、医療、福祉、介護、労働保険の各社会保障分野、国税及び地方税の各税務分野、並びに防災分野に活用することを目的としている。

社会保障・税番号制度の議論は、民主党政権における2009年12月21日付「平成22年度税制改正大綱」の閣議決定を端緒としている。その後、2011年1月31日には政府が「社会保障・税に関わる番号制度についての基本方針」を決定し、同年4月28日、社会保障・税に関わる番号制度に関する実務検討会は「社会保障・税番号要綱」をとりまとめ、これを受けて政府・与党本部は2011年6月30日に「社会保障・税番号大綱 ―主権者たる国民の視点に立った番号制度の構築―」を公表した[44]。その後、パブリック・コメントの募集を

行い、2012年2月14日、番号法案および関係法律の整備等法案[45]を閣議決定し国会に提出されたが成立せず廃案となった。

2012年11月16日の衆議院議員選挙を経た後、自由民主党政権において2013年3月1日、番号法案および関係法律の整備等に関する法律案を閣議決定し、第183回通常国会へ提出した。同法案は同年5月24日参院で可決、成立した。

番号法は、2003年5月23日に成立した個人情報保護法、および行政機関の保有する個人情報の保護に関する法律、独立行政法人等の保有する個人情報の保護に関する法律（以下総称して「個人情報保護3法」という。）の特別法として位置づく法律である。社会保障・税番号制度は、社会保障の負担と受益のアンバランス解消などを主目的としており、少子高齢化時代における社会保障制度の維持と国民の便益向上を期待されているが、一方で国家により国民が監視・監督されるのではないかという懸念や個人情報の漏えい・濫用のリスク、それに伴うプライバシーの権利の侵害が懸念された。

このような状況において、社会保障・税番号制度における個人情報保護の仕組みに関する事項を検討するために設置された個人情報保護ワーキンググループは、個人情報保護強化の必要性と具体的方策、第三者機関、自己情報へのアクセス記録の確認、目的外利用・提供の制限等、罰則、プライバシーに対する影響評価、その他特段の配慮が求められる分野における具体的措置の在り方等を論点として、2011年2月7日から翌年3月21日までの間に7回の会合を開催し議論を行った。

同ワーキンググループは、EUデータ保護指令における保護の十分性やプライバシー・バイ・デザインなどの国際的な考え方、EUデータ保護指令の改正の動向に配慮する必要があるとの共通認識のもと議論がなされ[46]、2011年6月22日に「社会保障・税番号制度における個人情報保護方策について 大綱に盛り込むべき事項」を、そして同年6月23日に「個人情報保護ワーキンググループ報告書」[47]を公表した。これらの公表文書における提言は、同年6月30

日の「社会保障・税番号大綱」およびマイナンバー法案に反映されている[48]。

(2) 番号法における個人情報保護の諸施策

番号法は、高い独立性を有する特定個人情報保護委員会の設置、特定個人情報保護評価の実施と運用、刑事罰の創設、そして「マイ・ポータル」により自己の特定個人情報へのアクセス記録の確認ができる制度を備えている。本項では特に、特定個人情報保護委員会と刑事罰について、国際的整合の観点からその諸施策の検討を行う。

(a) 特定個人情報保護委員会

EUデータ保護指令28条に監督機関の設置が規定されているが、当該機関は完全なる独立性(complete independence)のもとで、調査権限(investigative powers)、介入権限(effective powers of intervention)、司法的救済権限(power to engage in legal proceedings)を行使することが求められている。番号法では、内閣設置法49条3項の規定に基づき、特定個人情報保護委員会を置くこととしている(36条)。同委員会は内閣総理大臣の下に、番号制度における個人情報の保護等を目的として、いわゆる「三条委員会」の組織形態で設置されることとなった。この組織形態は「現実的に可能な範囲で組織の独立性が最大となる設置形態」とした2011年6月23日付「個人情報保護ワーキンググループ報告書」における提言[49]が反映されて起草に至った。

所掌事務は、特定個人情報の取扱いの監視又は監督及び苦情の申し出についての斡旋(38条1項1号)、特定個人情報保護評価に関すること(同2号)、特定個人情報の保護に関する広報及び啓発、並びに調査研究(同3、4号)、国際協力(同5号)などであり、その有する権限は、指導及び助言(50条)、勧告及び命令(51条)、報告及び立入調査(52条)、措置の要求(54条)など明確な執行権限が付与されている。

またEUデータ保護指令20条に規定された「事前の検査(Prior

checking）」に相当するものとして、番号法 27 条に特定個人情報保護評価が規定されており、特定個人情報保護委員会で規則を定めることとしている。これはカナダの他、アメリカやオーストラリアなどですでに実施されているプライバシー影響評価（Privacy Impact Assessment、PIA）と同様のものであると考えられる。

(b) 罰則

EU データ保護指令 24 条に「制裁（Sanctions）」が規定されており、国内規定の違反への制裁を規定することが求められている。番号法において、罰則は次のように規定している。

まず職員を名宛人とする罰則であるが、漏示・不正利用に関しては、個人番号利用事務等に従事する者、または従事していた者による特定個人情報ファイルの提供（67 条）、個人番号の自己若しくは第三者の不正な利益を図る目的での提供又は盗用（68 条）、行政機関の職員による職権濫用かつ職務目的外での個人番号の収集（71 条）に対する刑事罰を、また秘密保持義務に関しては、情報提供ネットワークシステムの運営に関する事務に従事する者による違反（25 条および 69 条）、特定個人情報保護委員会の委員長、委員及び事務局の職員による違反（48 条および 72 条）への刑事罰を規定している。さらに職員以外の者に対しても、詐欺行為・不正アクセス行為等により個人番号を不正取得した者（70 条）、偽りその他不正の手段による通知カード又は個人番号カードの交付を受けた者（75 条）に刑事罰を規定しており、67〜72 条の規定は国外犯も対象としている。

特定個人情報保護委員会の権限行使を担保する罰則として、同委員会の命令に違反した者（73 条）、報告若しくは資料の不提出、虚偽の報告・答弁、立入検査の拒否・妨げ・忌避した者（74 条）に刑事罰を規定している。

なお上記のうち、秘密保持義務違反および行政職員の職権濫用かつ職務目的外の個人番号の収集を除く罰則各条は、行為者とともに法人等に対しても罰金

刑を科している (77条)。

　個人情報保護ワーキンググループにおける議論では、本人確認における他人のICカードの利用や他人の個人番号による社会保障給付の受給、納税申告などの成りすまし、行政機関や事業者の保有するデータベース・ファイル等の偽造・改ざん、ＩＣカードの不正取得や偽造、その他不正アクセス行為などの様々な行為態様について罰則を検討したが、これらは刑法、租税法、不正アクセス禁止法、犯罪収益移転防止法および携帯電話不正利用防止法などで対応を行うことができる旨が確認されている。

(3)　番号法における国際的整合

　番号法は個人情報保護３法の特別法であり、特定の分野で使用する個人番号及び特定個人情報等に限定した法律であるため、わが国の個人情報保護法制における「保護の十分性」に影響を与えるものではないが、国際的整合の視点から独立性が高い監督機関が設置され、明確な執行権限が付与されたこと、また有効な刑事罰が導入された意義は大きい。

　課題は、特定個人情報保護委員会が有効に機能し、また罰則が抑止力として機能するか、ではないだろうか。特定個人情報保護委員会は、委員長及び委員６名で構成され（40条１項）、その所掌事務を処理させるために事務局を設置することとなっているが（46条）、その詳細は規定されていない。広い所掌事務を遂行する本委員会が実質的に機能するためには、事務局の組織と財政的な基盤の確立が重要な意味を持つことになる。

　また、現行の番号法では特定分野の利用に限られることから、EUデータ保護指令が規定している、データ主体等からの苦情の聴取と助言（指令28条４項）を所掌業務として規定する必要はないと考えられる。しかし、第184通常国会における議論の過程で個人番号の利用範囲の拡大が検討され、附則第６条に法律の施行後３年を目途として、①個人番号の利用の範囲の拡大、②情報提供ネットワークシステムを使用したと特定個人情報の提供の範囲の拡大、③特

定個人情報以外の情報の提供に情報提供ネットワークシステムの活用、などについて必要があると認めるときは「所要の措置を講ずる」と規定されている。利用範囲が民間事業者に拡大した場合、データ主体等からの苦情の聴取と助言についても所掌業務としての加入を検討することが考えられる。

罰則に関しては、現行の個人情報保護法制では適用される場面が極めて限定的であるが、番号法においては適用場面が広く、抑止力としての効果が期待される。民間事業者における個人番号の取扱は、金融機関及び法人等の人事部門などに限定されるが、特に 77 条の規定は行為者とともに法人等を処罰の対象としていることから、企業として番号法コンプライアンスに取組む必要がある。

5　むすびにかえて　―個人情報保護法制における監督機関と罰則―

EU データ保護指令では、第 24 条「制裁」（Sanctions）に「加盟国は本指令の条文の完全な実行を確実にするために適切な措置を採択し、指令に従って採用された国内法規の条項の違反に対しする制裁を規定する」と規定している。また EU 一般データ保護規則提案では、第 78 条「刑罰」（penalties）が新たに付加され、「加盟国は本規則の条項への違反に適用する刑罰をルールとして規定」し、「刑罰は効果的（effective）で均衡が取れ（proportionate）、そして抑止的（dissuasive）でなくてはならない」と規定している。

番号法においては、個人情報保護ワーキンググループにおいて国際的整合の観点から議論がなされた上で罰則規定が設けられており、不正取得行為等に対する抑止力として期待されている。その一方で、番号法の一般法としての個人情報保護法は個人情報の不正取得者への法的制裁を規定していない。これは主務大臣の関与の少なさと相俟って抑止力としての効果が期待できない上、EU データ保護指令及び EU 一般データ保護規則提案からみると「十分性」の要件を充足しない可能性がある。

わが国の刑法は有体物を中心とする体系を取ってきたため、無形の情報の不

正取得行為等への刑事罰による対応が難しく[50]、不正競争防止法21条1項1号から7号に規定する営業秘密侵害罪による法的制裁を検討することが多い。その場合、客体となる情報が同法における営業秘密の要件を充足する必要がある。個人情報は「顧客リスト」などのかたちで多くの従業者が利用する場合が多く、技術情報のようにアクセス制限や客観的認識可能性の要件を充足する管理は適さない。したがって、秘密管理性要件が厳格に問われる営業秘密侵害罪の適用は限定的である[51]。そもそも経済法に個人情報保護の役割を期待することの是非も考えられる。

一方、個人情報保護法の立法過程で罰則に関する議論がなされている。1999年10月20日に開催された高度情報通信社会推進本部個人情報保護検討部会（座長：堀部政男教授）の第7回部会において、「個人情報の保護について（骨子・座長私案）」[52]が示され、罰則について検討しているが、分野横断的な罰則の創設は、構成要件の明確化の観点から実現性に乏しいこと、広く薄く適用する罰則は抑止効果には限界があること、自由な事業活動の阻害要因となるおそれがあること、などの理由から見送られた経緯がある。

今般、番号法の立法過程で個人情報保護ワーキンググループが「国際的整合性」の視点から議論を行い、刑事罰を創設することとなった。客体となる情報は限定的ではあるが、この議論を契機に、個人情報保護法への刑事罰の導入を検討してはどうか。

罰則が抑止効果を発揮するためには、監督機関による監視と執行が不可欠である。カナダ・オンタリオ州IPCの事例から、監督機関は確実な執行を担保するのみならず、その存在は事業者のコンプライアンス意識を高める効果があると思われる。

大会社や公開会社とそれ以外の会社、すなわち小規模事業者やインターネットビジネス事業者との間でコンプライアンス意識の差がますます拡大するわが国において、情報を収集され、利用されているという認識が低い「こども」が特に高いリスクにさらされていることは論を俟たない。監督機関の設置と罰則

規定の加入は、わが国のデータ保護の「有効性」を全体的に高め、安全・安心な社会を構築する結果になるのではないかと思料する。

※本稿は科学研究費助成事業(学術研究助成基金助成金)基盤研究(C)による研究成果として執筆した。

注記

1) European Commission, *Comparative Study on Different Approaches to New Privacy Challenges, In Particular in the Light of Technological Developments, Final Report*, 20 Jan. 2010.
2) European Commission, *Directive 95/46/EC of the European Parliament and of the Council of 24 October 1995 on the protection of individuals with regard to the processing of personal data and on the free movement of such data*. 同指令は1995年10月24日に採択され、1998年10月24日に発効した。同指令に関する論文は数多いが、主に堀部政男「プライバシー・個人情報保護の国際的整合」堀部政男編著『プライバシー・個人情報保護の新課題』(商事法務、2010年)1〜59頁、新保史生『プライバシーの権利の生成と展開』(成文堂、2000年)285〜288頁などを参考にした。
3) Graham Greenleaf, *Comparative study on different approaches to new privacy challenges, in particular in the light of technological developments, Country Studies, B.5-JAPAN*, 13 (European Commission) May 2010.
4) European Commission, *Working Document: Transfers of personal data to third countries: Applying Articles 25 and 26 of the EU data protection directive*, 24 July 1998. 本実務書第1章では十分性審査の要件として、内容の原則(Content Principles)と手続/執行の仕組み(Procedural/ Enforcement Mechanisms)が記載されている。前者は(1)目的限定の原則、(2)データの内容と比例の原則、(3)透明性の原則、(4)セキュリティの原則、(5)アクセス、訂正と異議申立の権利、(6)受領者の再移転制限、そして追加的な原則として、(1)センシティブ・データ、(2)ダイレクト・マーケティング、(3)自動的な個人に関する決定が、そして後者は(1)ルールへの優れたレベルのコンプライアンスがあること (deliver a good level of compliance with the rules)、(2)データ主体の支援と援助を提供すること (provide support and help to individual data subjects)、(3)ルールが遵守されなかった際の被害者に適切な救済が提供すること (provide appropriate redress) である。本実務書は、堀部・前掲注2):47〜49頁に

おいて紹介されている。
5) Article 29 Data Protection Working Party, *Article 29 Data Protection Working Party Opinion 3/2001 on the level of protection of the Australian Privacy Amendment (Private Sector) Act 2000*, (5095/00/EN WP40 final) Adopted on 26th Jan. 2001. 本意見書における指摘は、(1)小規模ビジネス（年間の売上高が300万豪ドル以下）、被用者データが適用除外であること、(2)法により要求または授権される場合には、二次的目的の利用・開示を認めていること、(3)データが一般に利用可能な公刊物として編集された場合はプライバシー原則が適用されないこと、(4)データの収集後に組織が個人に通知することを認めていること、(5)ダイレクト・マーケティング用に個人データを利用する場合は個人の同意が不要であること、(6)センシティブ・データの収集のみに制限があり利用・開示に制限がないこと、(7)永住権を持たないEU市民はアクセス権・訂正権を行使できないこと、(8)オーストラリアから第三国への再移転を禁止していないこと、などである。
6) 堀部政男「日本のプライバシー保護は要見直し「マイナンバー」実施は絶好の機会」（日経コミュニケーション、2011年10月）52頁。
7) 会社法では、取締役会設置会社を除く株式会社については、348条3項4号に取締役の職務執行の適法性・適正性を確保する体制の整備等の規定を設け、整備すべき体制は会社法施行規則98条に委任している。また委員会設置会社の取締役の権限として、416条1項1号ホに執行役に関する同様の規定を設け、整備すべき体制は会社法施行規則112条2項に委任している。本稿では取締役会設置会社について、その体制の整備に関する論を進めることとする。
8) 相澤哲『一問一答　新・会社法』（商事法務、2005年）129頁。
9) 大阪地判平成12年9月20日判時1721号3頁。本件は無断かつ簿外の取引による多額の損害が管理体制を構築すべき取締役の善管注意義務違反として賠償を求めた甲事件と、損失を隠匿したなどの理由で刑事訴追を受けて支払った罰金および弁護士費用ならびに遅延損害金の賠償を求めた乙事件を併合して判決が下された。
10) 神戸地裁において2002年4月5日和解成立。商事1626号52頁。
11) 東京地判平成16年12月16日判時1888号3頁。本件はリスクの高いデリバティブ取引に関して「どのようなリスク管理体制を構築するかの判断」は、「いわゆる経営判断原則が妥当すると解する」とし、リスク管理体制のレベルは経営者の裁量の範疇であるとの判断を示した。
12) 2011年3月30日、金融庁企業会計審議会は「財務報告に係る内部統制の評価及び監査に関する基準並びに財務報告に係る内部統制の評価及び監査に関する実施基準の改訂に関する意見書」を公表し、「財務報告に係る内部統制の評価及び監査の基準」

と「財務報告に係る内部統制の評価及び監査に関する実施基準」の一部を改訂している。
13) 金融庁企業会計審議会「財務報告に係る内部統制の評価及び監査に関する実施基準」2011 年 3 月 30 日、1 頁。
14) 金融庁企業会計審議会・前掲注 13)、3 頁。
15) 前掲注 9)、大和銀行株主代表訴訟乙事件の大阪地方裁判所判決では「(商法は)事業を海外に展開するにあたっては、その国の法令に違うこともまた求めている」と判示している。また金融庁企業会計審議会・前掲注 13)、3 頁では遵守の対象を「事業活動を行っていく上で、遵守することが求められる国内外の法律・・規範」と規定している。
16) 消費者庁「平成 23 年度個人情報の保護に関する法律施行状況の概要」2011 年 9 月、43 頁。なお 2011 年度は主務大臣による報告の徴収 16 件、助言 1 件、2010 年度は報告の徴収 15 件を実施している。
17) 大阪高判平成 13 年 12 月 25 日判例自治 265 号 11 頁。
18) 最二小判平成 15 年 9 月 12 日判タ 1134 号 98 頁。
19) 東京高判平成 16 年 3 月 23 日判時 1855 号 104 頁。
20) プライバシー・コミッショナー制度の設計と運用、そしてプライバシー・バイ・デザイン (Privacy by Design ; PbD) の具体的な運用の実態に関してヒアリング調査を行った。本調査では、オンタリオ州の情報・プライバシー・コミッショナー (Information and Privacy Commissioner、IPC) のアン・カブキアン博士 (Dr. Ann Cavoukian)、プライバシー担当のケン・アンダーソン副コミッショナー (Ken Anderson, Assistant Commissioner (Privacy))、アクセス担当のブライアン・ビーミス副コミッショナー (Brian Beamish, Assistant Commissioner (Access)) をはじめ、事務局の多くの方々と議論を行った。本誌をお借りして感謝を申し上げたい。
21) イギリスの ICO (Information Commissioner's Office, ICO) は、独立した法執行機関として 344 人、予算は約 30 億円 (2017 万£) (2009-10 年) であったと紹介されている。石井夏生利「英国におけるインフォメーション・コミッショナーの組織と権限」2010 年 8 月 21 日、17 頁。
22) 財団法人地方自治情報センター「都道府県別市区町村数一覧 (2013 年 1 月 1 日現在)」参照。
< http://www.lasdec.nippon-net.ne.jp/cms/1,19,14,151.html > (2013 年 6 月 16 日確認)。
23) アメリカは 2000 年 7 月に EU との協定を締結し、「セーフハーバー原則」による認証を受けた企業に対して十分性の認定を付与している。セーフハーバーは連邦取引委員会 (Federal Trade Commission、FTC) およびアメリカ合衆国運輸省 (United

States Department of Transportation、DOT）の管轄下の企業が参加できる。
24) European Commission, *Proposal for a Regulation of the European Parliament and of the Council on the protection of individuals with regard to the processing of personal data and on the free movement of such data (General Data Protection Regulation)*.
25) White House, *Consumer Data Privacy in a Networked World: A Framework for Protecting Privacy and Promoting Innovation in the Global Digital Economy*.
26) Graham Greenleaf *supra* note 3, at 28.
27) ただし同報告では、わが国のデータ保護法制は OECD ガイドラインや APEC プライバシー・フレームワークの基準を満たしていると言及している。
28) Graham Greenleaf, *Twenty-one years of Asia-Pacific data protection*, Privacy Laws & Business International, Issue 101, Oct.2009, pp.21-24.
29) European Commission *supra* note 1, at 15.
30) 「規則（regulation）」は自動的に全加盟国の国内法の一部となり、「指令（directive）」は拘束力を持つものの加盟国が指令に基づき国内法として立法義務を有し、「決定（decision）」は特定の加盟国を拘束し、そして「勧告（recommendation）」、「意見（opinion）」は加盟国に拘束力を有しない。
31) 堀部・前掲注 1)、49 頁。第 29 条作業部会はこれまでに、スイス、カナダ、アルゼンチン、アメリカ合衆国セーフハーバー・スキーム、ガーンジー（Guernsey）、マン島（Isle of Man）、ジャージー（Jersey）、フェロー諸島（Faeroe Islands）について「十分性」の認定を行い、また 2009 年 12 月 1 日に、イスラエル（Israel）及びアンドラ（Andorra）について十分性を認める意見を採択した、と紹介している。
32) 「国際移転における企業の個人データ保護措置調査　報告書」（2010 年 3 月）25-29 頁、「(3) 日系企業の対応状況」参照。
33) 堀部・前掲注 2)、44 頁。
34) わが国においても、行政機関個人情報保護法、及び独立行政法人個人情報保護法は本人の開示請求権として権利構成しており、本人が情報開示を請求し、適切な開示が行われなかった場合には、行政不服審査法に基づく不服申立てを行うことができる。
35) ただし学説上、わが国の個人情報保護法 25 条 1 項の解釈は、開示等の求めに関する具体的権利性の肯定説と否定説がある。否定説としては、「個人情報取扱事業者の法律上の義務である」（園部逸夫『個人情報保護法の解説』ぎょうせい、2003 年、156 および 159 頁）、「裁判上の請求権を付与したものと解することはできない」（鈴木正朝「個人情報保護法とプライバシーの権利—「開示の求め」の法的性格」堀部政男編著『プライバシー・個人情報保護の新課題』商事法務、2010 年、89 頁）とする説な

どがあり、また肯定説としては、法案審議において細田国務大臣が立法者意思として権利を付与した旨を答弁していることなどを前提として「立法者意思に照らして具体的権利性を肯定すべきである」（岡村道久『個人情報保護法』商事法務、2009年、270頁）とする説などがある。なお、東京地方裁判所平成19年6月27日判決（判時1978号29頁）では開示の求めについて権利性を否定している。

36) Article 29 Data Protection Working Party *supra* note 5, at 5.
37) Article 29 Data Protection Working Party *supra* note 5, at 3 and 5.
38) European Commission *supra* note 24.
39) European Commission *id.*, at 2.
40) 本稿は2013年9月に脱稿しており、その後、同年10月21日にLIBE委員会（Committee on Civil Liberties, Justice and Home Affairs）により可決された修正案は脱稿時点で本稿に反映することができなかった。たとえば、本規則に違反した管理者や処理者に課せられる課徴金が、最大1億ユーロ、又は年間世界売上の5％に増額されるなど、企業にとって影響が大きな修正案となっており、引き続き今後の研究課題として取組みたい。
41) 石井夏生利「EUデータ保護規則提案と消費者プライバシー権利章典」Nextcom Vol.10 2012 Summer、38頁。
42) 住民基本台帳法第7条第13号に規定する住民票コードが付番されている日本国籍を有する者。
43) 住民基本台帳法第30条の45の表に掲げる外国人住民をいう。
44) 社会保障・税に関わる番号制度についての基本方針、社会保障・税番号制度大綱などの文書は、内閣官房「社会保障・税に関わる番号制度」のホームページ参照。
　＜http://www.cas.go.jp/jp/seisaku/bangoseido/index.html＞（2013年6月23日最終確認）
45) 当時は「マイナンバー法」と呼んでおり、番号制度で利用する番号の名称として一般公募で決定した。
46) 第2回個人情報保護ワーキンググループ会合議事録（2011年2月23日）における堀部政男座長及び石井夏生利委員の発言。
47) 個人情報保護ワーキンググループの7回の会合の議事録及び2つの公表文書は、内閣官房「個人情報保護ワーキンググループ」参照。
　＜http://www.cas.go.jp/jp/seisaku/jouhouwg/index.html#01＞（2013年6月24日最終確認）。
48) ただし2011年4月28日付「社会保障・税番号要綱」において「Ⅸ第三者機関」における委員会の設置等の記載に「内閣府設置法（平成11年法律第89号）第49条第3

項の規定に基づく、いわゆる三条委員会等の設置形態を検討」との記述があったが、同年6月30日付「社会保障・税番号大綱」からこの記述は削除されていた。その後、パブリック・コメントを経て立法されたマイナンバー法案では、結果として三条委員会の設置形態となった。第三者機関の独立性に関して、拙論「国際的に自由な情報流通のために」産経新聞2011年6月14日朝刊21面参照。＜ http://www.kansai-u.ac.jp/Fc_ss/common/pdf/kansaibousai54.pdf ＞（2013年6月24日最終確認）。

49) 個人情報保護ワーキンググループ「個人情報保護ワーキンググループ報告書」2011年6月23日、12頁。同報告書において監視機関の組織形態として独立性が高い三条委員会を提言したのは、行政機関等から独立した第三者的立場で監督を行うためという理由も然ることながら、「日本が個人情報保護に消極的でないことを対外的（国際的）に示す」ため、という目的もあるとしている。

50) 佐久間修『刑法における無形的財産の保護』（成文堂、1991年）1頁、山口厚「企業秘密の保護」ジュリスト第852号（1986年）48頁。わが国では1974年に刑法に企業秘密漏示罪の加入が検討されたが、草案の段階から賛否両論が激しく対立した。消極論としては、刑法の謙抑性の観点から安易に刑法上の処罰規定を新設すべきでないこと、退職者に対する規定は職業選択の自由を害するおそれがあること、企業における内部告発を妨げる効果があることなどの意見があり、逆に積極論は、秘密が化体した媒体自体を侵害せず、情報のみを侵害する行為について、窃盗、業務上横領の成立を肯定することは困難であること、などの意見があったが、結果として同条は継続検討となった。

51) 経済産業省『営業秘密管理指針』2010年4月9日改定版、28頁。わが国の営業秘密に関する裁判例のうち、秘密管理性について判断した81件の中で、秘密管理性を肯定したものは23件にとどまっている。

52) 高度情報通信社会推進本部個人情報保護検討部会「個人情報の保護について（骨子・座長私案）」（1999年10月20日）。

(2013年9月脱稿)

クロスロード
テーマ：個人情報の利用とプライバシー保護

1．市役所の職員
住民 A 氏から個人情報保護条例に基づき、住民 A 氏の 15 歳になるこども B 君が通う市立中学校の成績表の開示請求がありました。中学校にたずねたところ、B 君は「お父さんには成績表を見せて欲しくない」といっています。
あなたは、A 氏の開示請求に応じて、B 君の成績表を開示しますか？

【回答】民法では 15 歳を超える者は意思能力があるとされ、法定代理人のみならず本人の意思確認が必要とされています。その根拠は「満十五歳に達した者は、遺言をすることができる（民法 961 条）」、「養子となる者が十五歳未満であるときは、その法定代理人が、これに代わって、縁組の承諾をすることができる（民法 797 条）」などから導き出しています。例えば東京都個人情報保護条例運用規則や、兵庫県個人情報保護条例運用規則においては、未成年者等の個人情報の開示請求に関しては、法定代理人のみならず本人の許諾の意思確認（署名押印）を求めています。

2．学習塾の経営者
あなたは学習塾の経営者です。B 君は 17 歳で、この学習塾の塾生ですが、現在お母さんと暮らしており、お父さんとは別居中だそうです。あるとき B 君のお父さんから、「B 君の住所を教えて欲しい」といってきました。「親権者」なのだから、こどもの居所を知るのは当然の権利であると主張しています。
あなたはこの主張が正しいと考えて、B 君の住所をお父さんに教えるべきでしょうか？

【回答】前ケース 1 と同様に、B 君は満 15 歳を超えており、民法上は意思能力

が備わっていると考えられるため、個人情報保護法に基づく親権者による個人情報の「開示の求め」は、親権者のみならず本人の承諾が必要であると考えられます。

3. ビデオレンタルショップの経営者
あなたはビデオレンタルショップの経営者です。19歳の大学生A君は、ビデオ20本を借りて2か月間延滞してしまったため、同居するA君のご両親に延滞料36万円を請求しました。ご両親は、「私の許可なく未成年者を勝手に会員にして、ビデオを貸したショップが悪いので、契約自体が無効だ」と主張しています。
あなたはそれでも36万円の延滞料をA君のご両親に請求しますか？

【回答】本ケースは行為能力に関する問題です。民法では未成年者には法律行為を行う行為能力は備わっていません。したがって19歳であるA君が当事者となってビデオレンタルショップと締結したビデオ・DVDの貸借契約は、A君のご両親が取り消すことができます。

第Ⅸ章　参加型手法を取り入れた防災教育
—中学生の被災地での体験学習の事例より—

時任　隼平・久保田　賢一

はじめに
1　問題の所存と本研究の目的
2　研究の対象と方法
3　結果と考察
4　まとめと課題

はじめに

　本研究は、山形県の公立中学校で実施された参加型手法を用いた防災教育の学習成果を分析することを目的としている。140名の中学生が宮城県石巻市を訪問し、被災地の修繕活動や被災者の「語り」に耳を傾ける活動が、生徒の防災意識にどのような影響があるのか調査を実施した。

　2011年3月11日に発生した東日本大震災は、死者・行方不明者を含め約19,000人の犠牲者を出した（警察庁 2013）。この事により社会は甚大な被害を受け、自然災害や原発事故等などの予期せぬリスクに対して、リスクマネジメントをより一層強く求められるようになってきた。それは、行政や企業のみならず、学校教育においても同じである。学校教育機関は、いつ何が起こるかわからない災害が起きた時、危険から身を守る能力の育成を目標とした防災教育の充実が求められている。

定期的に実施される避難訓練や専門家によるレクチャーは、日本のどの学校でも実施されている基本的な防災教育の取り組みである。特に、小・中学校の義務教育段階では「自分の身を守るための対処法」や「避難活動」、「避難生活」に関する行動や知識を学ぶことが重視され（森岡・翠川 2004）、副読本や専門家の知識を解説した CD-ROM 等の教材が積極的に利用されてきた（城下・河田 2007）。しかし、知識・技術を効率的に記憶するという観点からこうした知識伝達型の教育方法は評価される一方、それだけでは防災教育として十分でないという指摘もされてきた。例えば、矢守（2007）は学習理論の視点から従来の知識伝達型の防災教育の価値を認めつつも、それのみに固執するのではなく、「実践共同体」（レイヴ・ウェンガー 1993）への参加を通して学習者が防災実践への十全的参加を経験することの重要性を指摘している。教員や防災教育の専門家（研究者や自治体組織など）、防災活動を共に行う団体（地域の自主防災組織など）とのネットワークの中に生徒が関与し、そこでの体験や相互作用を通して学んでいく新たな教育方法が注目されている（矢守・高 2007）。

　このような問題意識から、近年では生徒と大学生・ボランティアスタッフの協同による防災ウォッチング・防災マップづくりの取り組み（佐藤ら 2003）やフィールドワークを通した安全学習の実践（久保田ら 2012）など新しい防災教育が取り組まれるようになってきた。しかし、未だこれらの活動が生徒に対してどのような影響があるのか、十分な研究が進んでいないため、教育現場での理解は十分にはされていない。これらの事例は防災教育全体からみると少数であるのが現状だ（佐藤ら 2004、牛山 2009）。今後は参加型手法を取り入れた防災教育の成果を明示にすることによって、防災教育の新たな教育手法として普及していく必要があると言える。

　これらの背景から、本研究では中学校教育における現地体験型の学習事例を取り上げ、その成果を明らかにする。取り上げる事例は、山形県の公立 Z 中学校（以下、Z 校）2 学年 140 名が東日本大震災によって被災した宮城県石巻

市を訪れ復興体験プログラムに参加する校外学習である。この活動には教員・生徒だけでなく復興支援活動に取り組む学生有志団体やNGOおよび被災者が参加しており、多様な立場で活動している人々によって構成されている防災教育の新しい取り組みである。

1　問題の所存と本研究の目的

(1)　従来の教育方法の見直しに関する問題

　地震や台風など、自然災害が多く発生する日本において、防災教育の充実は昔から重要な課題とされてきた。特に、1995年に発生した阪神淡路大震災以降は系統的な教育カリキュラムを中心とした学校教育において防災教育をどのように位置づけるのかが議論されはじめ、「総合的な学習の時間」などを活用した防災教育が実践されはじめた（岸田ら 2009）。例えば、城下・河田（2009）は、和歌山県広川町の中学生を対象に防災学習に対する意識を調査し、「防災探検及びマップ作成」や「防災紙芝居作成」、「共に生きることに関する研究ポスターの制作」等に取り組んだ活動を分析した結果、それらの活動の有用性やこのような防災教育への高い期待が明らかになったことを報告している。

　しかし、こうした取組や防災に対する意識も、熱心な教員や管理職がいる学校で数年実施されることはあるが長期的・全国的な展開には至らず、結果的に大きな災害がその地域で起こらなければ時間と共に徐々に下火になるという問題を抱えている（城下・河田 2009）。例えば、2008年に岩手県内の小学校・中学校・高等学校717校を対象に行われた防災教育の実施状況に関する調査では、年間2〜3時間程度しか防災教育を実施していない学校が57％を占め、また防災教育の必要性が「低い」もしくは「ほとんど必要ない」と答えた学校が57％に達していることが報告されている（牛山 2009）。岩手県は太平洋に面しており、これまで多くの地震・津波による被害を経験している。つまり、過去に自然災害を頻繁に経験している地域であったとしても、大きな被害から時間

が経ってしまうと防災教育に対する意識が低くなってしまう可能性があることがわかる。

このように、学校教育における防災教育の取組・意識に関する現状を鑑みると、知識伝達を中心とした従来の教育方法だけでは十分でなく、生徒の防災意識を向上させる教育方法の工夫が必要とされていることがわかる（岸田ら 2009、城下・河田 2007）。参加型手法を取り入れた防災教育の成果を明らかにすることで、新たな防災教育の一つの選択肢として提示することが課題の1つだと言うことができる。

(2) 学習活動の時間に関する問題

阪神淡路大震災以降、参加型手法を取り入れた防災教育は学校教育の中で様々な形で実施されてきた。例えば、和歌山県の高等学校での「家庭における非常持ち出し品」をテーマにしたゲーム作り（矢守・高 2007）や神戸市の高等学校で実践された総合的な学習の時間、「被災地を歩く」（山住　2004）である。

これらの活動は、生徒同士、生徒と教員、生徒と校外の人々（被災者や防災を支援する団体等）との相互作用を重視した価値ある実践であるものの、その実施方法に着目してみると重要な課題が浮き彫りになる。それは、学習活動の実施期間が1年以上と、極めて長いことである。日本の初等・中等教育、特に義務教育段階において防災教育の重要性が謳われてはいるものの、防災教育は未だに学習指導要の中に系統的に組み入れられているわけではなく、総合的な学習の時間を使って実施しているのが現状である（城下・河田 2007）。東日本大震災の被害を受けて被災地以外の都道府県でも対策は取られるようになったが、限られた時間の中で防災教育を実施していかなければならない状況に変わりはない。矢守・高（2007）や山住（2004）の事例のように1年以上の学習活動は、時間をかけてじっくりと生徒を指導しているため高い教育効果が期待できる反面、実際に同等の事を他の学校で実施するとなると、実現性が低くなる。

防災教育を学校教育に組み入れるためには、現実に確保できる短い時間の中で実施できる参加型手法を取り入れた防災教育のあり方を明らかにしていく必要があると言える。

このように、参加型手法を取り入れた防災教育は既に実践が行われているものの、長期間の実践を前提にしたものが多く、各学校の防災教育の位置づけを考慮するならば、短期間でもできる方法を模索するという2つ目の課題を確認した。

(3) 本研究の目的

これまで、防災教育に関して1)参加型の防災教育の成果を示す必要性と、2)短期間で実施可能な参加型学習を取り上げあげる必要性について説明してきた。これらの背景から、本研究では3日間で行う被災での復興プログラムの校外学習を取り上げ、活動に参加した生徒の気づきを明らかにすることを目的にする。

2 研究の対象と方法

(1) 研究の対象

山形県の公立中学校Z校で第2学年の生徒が参加した「震災復興体験プログラム」を対象とした。このプログラムのテーマは「被災地の現状を知り、社会奉仕について考える力を身につける」であり、1)被災地を訪問し、被災地の現状と課題を学習することで復興支援や社会奉仕について理解を深める、2)震災学習やボランティア活動、被災地に住む人々との交流を通して命の尊さや助け合うことの大切さを学び、自分自身のこれからの生き方につなげていこうとする態度を養うことの2点を目的としている。

このプログラムに参加したのは、第2学年140名と教員8名、山形県で震災復興のボランティア活動を企画・運営している大学生有志団体START

Tohokuのメンバー9名、ピースボート災害ボランティアセンタースタッフ3名である。Z中学校が発起人となり、NGOに連絡を入れて、ボランティアが協力する事になった。

　生徒は3つのチームに分かれて3台のバスに分乗し、チーム内でさらに約6名のグループを作り、グループでの集団行動を行った。

(2)　実践の流れ

　プログラムは、2013年5月7日、9日、10日の3日間で実施した。表Ⅸ-1、2、3は、事前学習・プログラム当日、事後学習の活動内容を表したものである。

表Ⅸ-1　事前学習の内容（5月7日）

活動内容
a）ピースボートスタッフによるリスクマネジメントの説明
b）START Tohokuの説明
c）今回のプログラムの目的や目標に関するディスカッション

表Ⅸ-2　現地での活動内容（5月9日）

チーム別の活動内容		
チーム1	チーム2	チーム3
a）花壇の修繕、植栽作業	c）日和山公園～避難路～門脇小学校を歩いて見学	
	d）「頑張ろう石巻」の看板を制作した被災者から話を聞く	
	e）呉服店で店主の話を聞く	g）女川観光協会の担当者から話を聞く
b）商店街の見学	f）石巻ニューゼ（博物館）で担当者のお話を聞く	
h）語り部の語りを聞く		

第Ⅸ章　参加型手法を取り入れた防災教育（時任・久保田）

表Ⅸ-3　事後学習の内容（5月10日）

活動内容
a）震災時のビデオを視聴
b）実際に現地に行って目で見た感想を共有
c）これからの防災・減災についてグループでディスカッション
d）全校集会での発表に向けた準備

事前活動

5月7日に2時間行った事前活動では、ピースボートとSTART Tohokuのスタッフが授業に参加し、被災現場の状況や活動する際の心構えについて説明した後（写真Ⅸ-1、写真Ⅸ-2）、グループごとに目標を決めた（写真Ⅸ-3）。全体の目標は、「被災地の現状を知り、社会奉仕について考える力を身に着ける」である。

写真Ⅸ-1　事前学習の様子　**写真Ⅸ-2**　事前学習用のスライド　**写真Ⅸ-3**　グループワークの様子

図Ⅸ-1は、スタッフらが教員と相談の上決めた、プログラムの全体像である。この図は、事前学習では特に現地で礼儀正しい行動に関する指導や、防災教育に関する意欲の向上を示している。

現地での活動

現地ではチーム1～3の3つのチームに分かれて行動をした。a）花壇の修繕、

(159)

図Ⅸ-1　スタッフが作成したプログラムの全体像

植栽作業（写真Ⅸ-4）では、被災者の実家跡地と雄勝小学校前花壇にて除草作業や草花の植え替え作業、花壇つくり等を行った。b）商店街の見学では、被災したお店の様子を見学した。c）日和山公園〜避難経路〜門脇小学校では、実際に人々が避難した日和山公園（写真Ⅸ-5）を訪れ、そこまでの道のりを辿り、被災して多くの児童が亡くなった門脇小学校（写真Ⅸ-6）を訪れた。

写真Ⅸ-4　花壇の修繕と植栽

写真Ⅸ-5　避難場所の日和山公園

写真Ⅸ-6　被災した門脇小学校

第Ⅸ章　参加型手法を取り入れた防災教育（時任・久保田）

e）被災した呉服店の「かめ七」を訪問した際は、店主から震災当初の様子と災害ボランティアの交流などについて話を聞いた。また、石巻日日新聞が運営する「石巻ニューゼ（NEWSee）」を訪問し、震災当初の新聞社の活動について話を聞いた（写真Ⅸ-7）。g）女川町を訪れた際は、女川環境協会から被災に受けた深刻なダメージについて話を聞いた（写真Ⅸ-8）。h）全チームが合流した後は、語り部の語りを聞いた（写真Ⅸ-9）。

写真Ⅸ-7　ニューゼでの様子

写真Ⅸ-8　女川町で倒壊した建物

写真Ⅸ-9　語り部の話を聞く生徒

事後学習

事後学習は、5月10日に行った。午前中は活動の振り返りレポートの作成（写真Ⅸ-10）と、1か月後に行われる全校発表のための資料作りを行った。午後からは、①自分や大事な人を守る為の「防災」、②一人暮らしのお年寄りなど、助けが必要な人の為に出来る事、③「社会＝共に〈幸せに〉生きていく場を創っていく為には」といったテーマを上げ、生徒と教員、スタッフが一緒に

写真Ⅸ-10　生徒が書いたレポート

写真Ⅸ-11　ディスカッションの様子

写真Ⅸ-12　全校集会での発表

なって議論を行った（写真Ⅸ-11）。その後、生徒たちは全校集会で発表を行った（写真Ⅸ-12）。

(3) 研究の方法

　生徒140名が5月10日に書いた振り返りレポートのうち、予備調査として50名分を分析した。振り返りレポートは、下記6問で構成されている。

1）わたしの目標（個人が設定した目標）
2）到着して最初に感じたこと
3）私の体験内容
4）研修のなかで感じた、わたしたちの課題
5）研修体験から感じた、これからの希望
6）研修の全体をとおして学べたこと

手書きレポートを逐次ディジタルテキスト化し、修正版グラウンデッド・セオリー・アプローチ（木下 2003）を援用して分析した。手順は、以下の通りである。

ステップ1：文章を意味ごとに概念化する
ステップ2：概念同士の関係性を考察し、カテゴリーを生成する
ステップ3：カテゴリー間の関係性を考察し、図示する

本来修正版グラウンデッド・セオリー・アプローチではインフォーマントへの考察結果の提示や新たなデータ収集、分析を繰り返して最終的な考察結果を作り出していくが、本研究は初期調査の段階であるため、ステップ3までの結果を報告する。文章を意味ごとに区切り、概念化した最少の単位を＜概念名＞で示し、類似した概念同士でまとめたものを《サブカテゴリー名》、さらに類

第Ⅸ章　参加型手法を取り入れた防災教育（時任・久保田）

似した概念同士でまとめたて生成された最も大きな単位を【最終カテゴリー名】で示す。また、生徒がレポートに書いた記述を具体例として引用する際は、「引用内容」で示す。

3　結果と考察

(1)　分析結果の全体像

　図Ⅸ-2は、分析結果を図示したものである。最終カテゴリーは、生徒たちが被災地で体験した【現地での体験】と、そこでの体験によって生まれた【生徒たちの気づき】、プログラム全体に対する【高い自己評価】である。以下、その詳細を説明する。

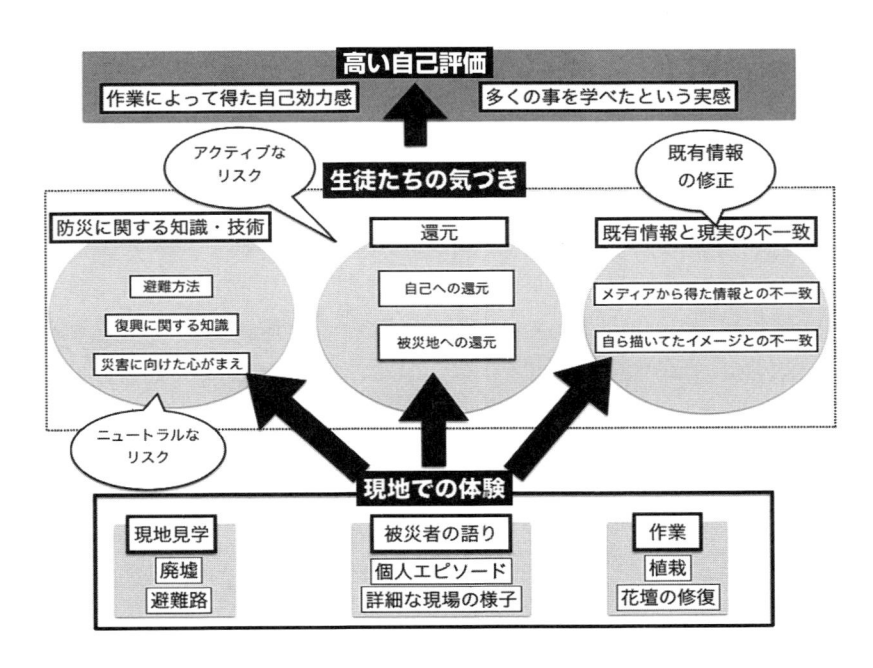

図Ⅸ-2　分析の結果生成された全体像

【現地での体験】

　【現地での体験】は、生徒たちがプログラム当日に経験した内容を表す最終カテゴリーである。≪現地見学≫、≪被災者の語り≫、≪作業≫の3つで構成されており、これらのサブカテゴリーはプログラムを立案した教員やSTART Tohokuのメンバーらが想定していた内容と同様である。

　≪現地見学≫に参加した生徒たちは、地震や津波によって倒壊した建物等を見学した。現地の様子を自分の目で見た生徒たちは、「日和山公園から見た景色は、何もないさら地だった。門脇小は小学生が生活していたとは思わないくらいで、全焼した校舎を見たときはただビックリした」や「学校も黒っぽくなってその近くの墓も壊されてたし、何もなく山の中に入るような静けさだった」、「建物がほとんどなかった。残っていたたてものは窓がなかったりしていた」など、目で見たものを様々な形で表現した。≪現地見学≫は単に倒壊した建物を見るだけでなく、「そこから実際の避難進路を通り、日和山公園・避難路→門脇小学校と行きました」など被災者が実際に通った避難路を自らの足で歩いていた。

　≪被災者の語り≫とは、【現地での体験】を案内した被災者によって語られた語りであり、＜個人エピソード＞と＜詳細な現場の様子＞で構成されている。これらは、プログラムとして組まれていたh）語り部さんの語りを聞くからだけでなく、案内人の被災者が案内中に発する様々な言葉が≪被災者の語り≫として生徒たちには認識されており、全てのプログラムの振り返りからこのカテゴリーに関する概念が生成された。被災者の語りは、＜個人エピソード＞として生徒たちに伝わった。＜個人エピソード＞とは被災者一人ひとりが被災した際に感じた事、考えた事、取った行動について固有名詞を交えて語られた個別具体的なエピソードを意味している。「Aさん（語り部）がものすごく必至になって、逃げたこと、子供を助けるか、自分の親を助けるかものすごく迷ったことなどが心にとても伝わってきました」など、語り部自身の葛藤や行動が具体的に生徒たちに伝えられていた。また、地震や津波によって街が破壊されて

第Ⅸ章　参加型手法を取り入れた防災教育（時任・久保田）

いく様子は＜詳細な現場の様子＞として伝えられ、「震災前と震災後の風景の違い」や「商店街が人と一緒に津波にのみこまれていく様子」の詳細な情報が生徒たちに語られていた。その他、プログラムa）で行われた花植えや花壇つくりに関する記述は＜植栽＞と＜花壇の修復＞のカテゴリーに分類し、最終的には≪作業≫の最終カテゴリーに分類した。

【生徒たちの気づき】

【生徒たちの気づき】とは、【現地での体験】によって生じた気づきを意味しており、≪防災に関する知識・技術≫、≪還元≫、≪既有情報と現実の不一致≫の3つで構成されている。

≪防災に関する知識・技術≫とは、具体的に避難する時の留意点や方法、復興に関する詳細な情報、今後起こりうる新たな災害に向けた心がまえに関するサブカテゴリーであり、それぞれ＜避難方法＞、＜復興に関する知識＞、＜災害に向けた心がまえ＞の概念で構成されている。例えば、＜避難方法＞に関して生徒たちは「地震が来たら遠くじゃなく高い所に避難すること」や、地震後に「高れい者の人や病気の人はどうやって避難するのか」に関する知識・技術の習得について振り返っている。また、＜復興に関する知識＞では「まず食べ物から確保する」ことの重要性や、「最終的には建物の復興と一緒に心も復興する事が、本当の復興」などについて学んだ事が振り返りから明らかになった。そして、「普段の避難訓練から高く意識する」や「日常生活でも避難場所を確認しておく」など、＜災害に向けた心がまえ＞に関する気づきを確認することができた。

≪既有情報と現実の不一致≫とは、生徒たちがプログラム参加以前に獲得していた被災地や被災者に関する情報と実際に現地を訪れた際に得た情報が合致していないことに気づいた事を意味している。具体的には、＜メディアから得た情報との不一致＞と＜自ら描いていたイメージとの不一致＞の2つの概念を確認することができた。

(165)

＜メディアから得た情報との不一致＞とは、「語り部さんの話を聞いて、テレビやラジオで伝えられていることなんかより、ずっと辛いことが起こっていたということを知った」や「TVで津波が来た映像を見て、アナウンサーが『ここに何Mの津波が来ました』と聞くのと、本当の場所に行き、『ここに何Mの津波が来てこうなって・・・』と聞くのは全然違いました」、「写真やビデオだけでは伝わらないことが、その場に着いた瞬間感じられた。津波の恐怖などがその場所に立ってわかった」など、生徒たちがTVやラジオなどのメディアを通して得た情報と現実に違いを感じている事を意味している。これらは、メディアで得た情報よりも現実は状況が悪かったという事だけでなく、「がれきの数は以前テレビで見た時より減っていて、まだ残ってはいるもののきれいにはなっていました」や「意外に、震災当初テレビで見た光景より復興したなぁと思いました」など、現実の状況の方が良かった事も含まれており、様々な意味でメディアから得た情報と実際の現場にはギャップがあることを表している。＜自ら描いていたイメージとの不一致＞は、「被災地は自分が思った以上に状況がひどかったです」など、被災地を訪れる前に抱いていたイメージと実際の現場にはギャップがある事を意味している。ただし、生徒たちのイメージがメディアによってもたらされたものなのか、誰かに聞いたものなのかは、レポートの分析からは不明であった。

　また、プログラムを通して【現地での体験】を経験した生徒たちは、そこでの気づきを自己や被災地へと還元しようとしている事が、確認された。具体的には、「私たちもどんなに悲しいことがあっても強く生きていこうと思いました」や「無駄な時間は一つも無いと思って一日一日を大切にしていきたいと思いました」など、【現地での体験】を通して気づいた事を自分自身の日々の生活や人生に活かしていこうというとする＜自己への還元＞が挙げられる。また、【現地での体験】を通して得た気づきは、被災地に向き合う姿勢にも影響を与えている事が明らかになった。例えば、「校外学習で見たり聞いたことをできるだけ多くの人たちに広めていきたいです」や「今回の東日本大震災のことは、

これからずっと伝えていき、また同じようなことが起らないようにしていきたい」など他者に今回の体験内容を伝えることや、「復興はまだまだなので募金したいです」など金銭的な支援、そして「また、これからも少しでもボランティア活動をしていきたい」、「これからも被災地の方々を元気づけられるようにほんの少しのことでも、ボランティア活動をしていき、町の人も復興していくお手伝いができればよいと思った」など直接的な支援に関する記述である。このように、自分だけでなく、自分たちが何らかの形で被災地に貢献しようという姿勢をまとめて、＜被災地への還元＞に分類した。

【高い自己評価】

　これまで、【現地での体験】を通した【生徒たちの気づき】について生成されたカテゴリーを説明してきた。そして、これらに対して生徒たちは「わたしはこの校外学習をとおしてたくさんのことを学び、考えることができました」など多くの学びを実感しており、また「今回のボランティアでできたことは本当にたった少しのことだと思うけど、それでも被災地の方々の力になれた気がした」など作業を通して被災者の役に立てたと感じていることが明らかになった。これらの記述を分類した結果≪多くの事を学べたという実感≫と《作業によって得た自己効力感》というサブカテゴリーが生成され、【現地での体験】に対する【高い自己評価】という最終カテゴリーが浮き彫りになった。

(2) 考察

　本研究の目的は、参加型手法を取り入れた活動における生徒の気づきを明らかにすることである。ここでは、生成された3つの最終カテゴリーのうち【生徒たちの気づき】に焦点をあて、他のカテゴリーとの関係性について考察する。
　災害に対する社会的関心は「ニュートラルなリスク」と「アクティブなリスク」の2つに区別されている（矢守・高 2007）。ここでいうニュートラルなリスクとは、建物の耐震性や災害別の死亡率など、数値や計算を使って客観的に

説明することのできる災害の情報を意味している。ニュートラルなリスクは一般的に防災の専門家などの第三者が統計的なデータを用いて客観的に災害を説明する際に語られるものであり、その情報に当事者としての視点はない。つまり、従来学校教育等において教師や専門家が生徒たちに伝えていた知識・技術が、ニュートラルなリスクに該当すると言える。それとは対照的に、アクティブなリスクとは、災害を統計的に処理したデータに基づき客観的に捉えるのではなく、人間が災害に対して能動的に行動を起こそうとする時に生じる感覚そのものである。人為事故で例えるならば、医療・健康問題に対して社会的関心が高まり、人々はセカンド・オピニオンやインフォームドコンセントを求めるようになってきた。これは、人為事故による人災というニュートラルなリスクを踏まえた上で、人々がそれに向き合い、能動的に対処しようと行動することで生まれたアクティブなリスク（感覚）ということができる（矢守 2007）。このように、リスク社会におけるリスクの概念は、ニュートラルなリスクとアクティブなリスクの2つの捉え方が存在する（矢守 2007）。ここからは、これら2つのリスク概念の視点から、【生徒たちの気づき】を考察する。

1）参加型手法を通した知識・技術の取得

　【現地での体験】を通して生徒たちが得た≪防災に関する知識・技術≫に関する気づきは、2つのリスク概念でいうニュートラルなリスクに該当する。生徒たちが気づいた具体的な＜避難方法＞や＜復興に関する知識＞は、従来の防災教育で扱ってきた防災に関する知識・技術と同様である。このことは、参加型手法による防災教育においても、知識・技術に関する気づきを促すことが可能である事を示唆している。時間的制約が厳しく設けられている中学校教育において、教室での学習と教室外での学習を常時実施することは困難である。それ故に、生徒がどのような知識・技術を学んだのか明確でない参加型手法は避けられる傾向にあった。しかし、本研究によって参加型手法が単に活動を体験するだけでなく、「津波から避難する時にまずやること」や「遠さより高さ重

視」、「地震が起こってからいつになった津波が来るのか」等の知識・技術に対する理解を促すことが明らかになった事は、今後の防災教育を考える上で重要な点である。

2) 真正性の獲得による既有情報の修正

　生徒たちはメディアから得る情報をニュートラルなリスクとして同定していた。しかし、生徒たちは現地を訪れた際にこれまで自分がメディアから得た情報や頭の中で描いていたイメージと被災地・被災者の現実とが異なっていることに気づいた。これは、生徒たちが【現地での体験】を通して被災地を目の当たりにし、被災者の生の声を聴く事で東日本大震災を真正な事象として捉えたことが要因だと考えられる。ここでいう真正とは、その出来事が他者や社会だけの問題なのでなく、自分自身の問題でもあることを生徒自身が自覚した事を意味している。

　【現地での体験】で＜廃墟＞を見たり＜花壇の修復＞をしたりしている際、それらの活動は単なる作業として行われるのではなく、常に≪被災者の語り≫とセットになっていた。＜個人エピソード＞として語られる固有の出来事や個人的感情は、震災の第三者ではなく、当事者の声として伝えられていった。こうした≪被災者の語り≫とセットになった【現地での体験】によって、生徒たちは東日本大震災を真正な出来事として捉えるようになったと考えられる。何故なら、その時、その場で起こった事を語る語り部そのものが実在する真正な存在であるからだ。震災を経験した本物の被災者による語りは、生徒たちが被災地で目の当たりにする廃墟や荒れ地を語り部が被災した被害現場として認識させる。誰かわからない人のナレーションや字幕による説明ではなく、被災者自身による被災地の説明が、被災地を訪れた生徒に真正性を与えたのだと考えることができる。そして、真正性の獲得によって生まれた新たな視点が、既有の情報を実際の状況と照らし合わせた上で、修正することに繋がった可能性がある。

従来の防災教育やメディアを通して、生徒たちは様々なニュートラル・リスクに関する情報を得ている。それらは、客観的な立場から出来事を捉えた重要な情報ではあるが、出来事の一部分を説明する情報でしかない。本事例において生徒たちが実際に≪現地見学≫をしながら≪被災者の語り≫を聞くことでそれまでに得たニュートラルな知識を修正した事から、参加型手法を用いた防災教育において実際の現場を訪れることや被災者自身の語りを組み合わせることが既有の情報を批判的に捉え、修正するための重要な要因となる可能性が示唆された。

3) 自己への還元、被災地への還元によるアクティブなリスクマネジメント
　生徒たちは、【現地での体験】を通して＜自己への還元＞と＜被災地への還元＞に対する気づきを得ていた。【現地での体験】を単なる経験でとどめるのではなく、自己や被災地に対して働きかけようとする能動的な姿勢は、生徒たちの中で東日本大震災がアクティブなリスクとして同定された事を表している。
　生徒たちが、これまでの防災教育やメディアから得た情報は、ニュートラルなリスクとして捉えられていた。しかし、【現地での体験】を通した活動によって、既有知識は修正され、結果として＜自己への還元＞、＜被災地への還元＞というアクティブなリスクの同定が生じていた。この事から、【現地での体験】において≪現地見学≫、≪被災者の語り≫、≪作業≫を経験することは、アクティブなリスクマネジメントに繋がる可能性が示唆された。

4　まとめと課題

　本研究では、震災復興体験プログラムに参加したZ校の生徒が書いたレポート50名分を分析し、参加型手法を用いた防災教育の成果について検証を行った。その結果、生徒たちが参加した【現地での体験】に対して生徒たちは【高い自己評価】をしており、≪防災に関する知識・技術≫と≪還元≫、≪既有情

報と現実の不一致≫に関する気づきを得ている事が明らかになった。

　【生徒たちの気づき】の1つである≪防災に関する知識・技術≫は、客観的な立場から災害情報を捉えたリスク情報であり、参加型手法が従来の教育方法において重視されてきたニュートラルなリスク（知識・技術）を伝達するための手段に成り得ることが明らかになった。また、従来の防災教育やメディア等によって伝えられてきたニュートラルなリスクは、被災地での≪現地見学≫や≪作業≫が≪被災者の語り≫と組み合わさって行われることにより、≪既有情報と現実の不一致≫という気づきを促していることが明らかになった。つまり、震災の当事者の声と【現地での体験】が強い真正性をもたらし、その結果これまでのニュートラルなリスクとは異なる立場からの批判的な捉え方を生みだし、既有情報の修正に至った。

　加えて、【現地での体験】によって生徒たちは＜自己への還元＞や＜被災地への還元＞の必要性に気づき、東日本大震災をアクティブなリスクとして同定していることが明らかになった。これは、単に防災の知識・技術を記憶するだけでなく、今後起こり得る自然災害に備え能動的にリスクと向き合い、対処する力の育成が求められている防災教育にとって、重要な知見であると言える。

　本研究の課題は、カテゴリー間の関係性を議論するためのデータを十分に収集していないことである。残り90名のデータを追加分析すると共に、教員やサポートスタッフ、生徒を対象としたインタビューを実施することで、より詳細なカテゴリー間の関係性を明らかにすることで、気づきの要因を明確にすることが今後の課題である。

参考文献

警察庁（2013）平成23年（2011年）東北地方太平洋沖地震の被害状況と警察措置。
　http://www.npa.go.jp/archive/keibi/biki/higaijokyo.pdf（2013年11月10日現在）
木下康仁（2003）グラウンデッド・セオリー・アプローチの実践―質的研究への誘い。
　弘文堂
岸田幸子、大原美保、目黒公郎（2009）義務教育課程における防災教育カリキュラムの

開発に向けた基礎的研究．地域安全学会梗概集 24：79-82.
久保田賢一、時任隼平、野口聡（2012）参加型手法を取り入れた高校での安全学習の実践―フィールドワークとクロスロード・ゲームを事例として―。子どもの安全とリスク・コミュニケーション。研究双書第 155 冊：61-87
レイヴ．J.ウェンガー．E（1993）状況に埋め込まれた学習―正統的周辺参加―。佐伯胖（訳）。産業図書
森岡寛江、翠川三郎（2004）地震防災力向上のための中学生を対象とした教育支援システムの試作。地球惑星科学関連学会 2004 年合同大会予稿集、J035-004
佐藤健、源栄正人、中村紀代子（2004）"防災マップづくりを通した小学生の地震防災教育。日本建築学会東北支部研究報告集（構造系）67：183-186。
城下英行、河田惠昭（2007）"学習指導要領の変遷過程に見る防災教育展開の課題。"自然災害科学 26.2：163~176
城下英行、河田惠昭（2009）学校における防災学習に対する中学生の意識―和歌山県広川町の生徒を対象として．自然災害科学 28.1：67-80。
牛山素行（2009）岩手県における学校防災教育の実施状況について。津波工学研究報告第 26 号：85-95
山住勝広（2012）語りえぬ記憶と復興への学習：ふたつの大震災の間で（特集災害と教育／教育学）。教育学研究 79.4：367-379.
矢守克也、高玉潔（2007）ゲームづくりのプロセスを活用した防災学習の実践―高等学校と地域社会におけるアクション・リサーチ―。実験心理学研究第 47 巻第 1 号：13-25

第X章　学校の危機管理

亀　井　克　之

はじめに
1　学校の被災状況
2　災害に負けない学校作り　―防災拠点としての学校
3　仮設校舎の建設
4　児童・生徒のメンタルヘルス
5　被災地の学校支援活動例　―勉机ボランティア
6　東日本大震災1月後の被災学校調査
7　初動対応―学校における危機管理とリーダーシップ・機転を利かせた先生―
8　東日本大震災が示した課題　―地域社会における学校の危機管理と防災教育
おわりに

はじめに

　平成23年（2011年）3月11日に発生した地震・津波と原発事故は、東北地方沿岸部の地域社会に甚大な被害をもたらした。この東日本大震災のような自然大災害や原発事故のように社会全体に影響を及ぼすリスク（ソーシャル・リスク）について、企業、行政、家庭などの個別経済主体が連携して対応するというのがソーシャル・リスクマネジメントの考え方である。ソーシャル・リスクマネジメントの中核を担うのが地域社会となる。そして地域社会と密接に結びついているのが学校である。学校は地域のシンボルであり、被災地では子どもたちの笑顔が希望につながるということも指摘されている[1]。

近未来に発生すると予想される首都直下地震や南海トラフ巨大地震のような自然大災害に対する危機管理を考える上で、地域社会の役割は重要となる。東日本大震災は、とりわけ地域社会における学校の役割や、防災教育の課題について考え直す転機となった。本章では、学校に焦点をあてて、地域社会とソーシャル・リスクマネジメントについて論考する。

1　学校の被災状況

　学校は通常は児童・生徒の学習と生活の場であるが、災害時には地域住民の応急避難場所となる。しかしながら、東日本大震災により、学校施設に大きな被害が出て、応急避難場所としての機能に支障が生じた。被災して使用不可となり、建て替えや大規模な復旧工事が必要になった学校は200校に上った。
　これらのうち場所も含めて再建方針が決定したものは2011年秋時点で11校だけであった。岩手県や宮城県の小学校・中学校の内25校は統廃合を検討しているにもかかわらず、その大半の学校は再建場所が未決定であった。これは、①周りに何もないところに学校を建てるわけにはいかない、②街がどこに再建されるかを見極めないと学校の再建場所も決定することができないという理由

表X-1　被害が大きかった3県の公立小中高校

	校舎が使用不能	うち他校に間借りなど	そのほか	仮設校舎計画・建設中
岩手	27校	26校	1校（体育館使用）	5/27校
宮城	53校	50校	3校（体育館など使用）	16/53校
福島	85校	62校	23校（原発事故で休業）	15/85校

出所）各県教委調べ、2011年6月現在

表X-2 東日本大震災での学校等の死者・行方不明者

( ) 内は行方不明者数で内数

	児童生徒学生	教職員
岩手県	120(30)	13(5)
宮城県	468(69)	27(8)
福島県	94(17)	3(2)
その他	0(0)	2(0)
計	682(116)	45(15)

出所) 文部科学省まとめ。2011年6月7日現在

によるものである。

　文部科学省の有識者会議は、学校を再建する際は、(a)高台に校舎を建てること、(b)学校が地域の拠点となるよう役所や福祉施設と一体で整備することを提言した。さらに移転用地の購入費や造成費を支援することを決定した。しかしながら、2012年初頭の段階では着工が決まった学校がない状況にあった[2]。

2　災害に負けない学校作り　—防災拠点としての学校

　東日本大震災では、学校施設に大きな被害が出て、従来想定していなかったさまざまな課題が浮き彫りとなった。これを受けて、文部科学省は災害に強い学校づくりに本格的に乗り出し、2011年6月に「東日本大震災の被害を踏まえた学校施設の整備に関する検討会」を設置した。招集されたメンバーは、防災教育や地震学、建築計画の専門家や教育委員会教育委員会の担当者らである。①学校施設の耐震化や津波対策、②応急避難場所として使う際に必要なトイレや飲用水などの設備、③電力不足の状態を想定した省エネルギー対策などが議論のテーマとなった[3]。

　東日本大震災により全国で約6,400の公立の学校施設が被害を受けた。被害がひどかった3県では、宮城県が約800ヵ所、岩手県が約400ヵ所、福島県が

約700ヵ所である。被災地以外でも地震の揺れにより校舎の壁や体育館の天井が落下するなどの影響が出た。避難所になった学校数は一時、300ヵ所を超え、約130ヵ所で被災者が暮らした。校庭に仮設住宅が建設されている学校も64校あった。

　全国の公立学校で耐震化工事の計画が整備されていない施設は約1万7,400棟残っていた。(2010年4月時点の公立小中学校の耐震化率は73.3%、2011年度末に86%になる見込みであった)。文部科学省は、2015年度までに全施設の耐震化を終える目標を打ち出した。また、自治体が国の補助金を利用して学校の整備を推進する際の基本方針を改訂した。

　具体的には、避難所になった場合を想定して食料と飲用水、寝具、医薬品を備蓄する倉庫の設置や、トイレの増設などが必要であると指摘している。さらに、情報通信設備の充実や、公民館や福祉施設との一体化などを提唱している。この方針に沿って、専門家で構成される検討会は、貯水槽、自家発電装置など整備を進め、病院や消防機能を併せ持つ施設の整備の可能性を具体的に示していく。

　前述した「東日本大震災の被害を踏まえた学校施設の整備に関する検討会」は、2011年7月に「東日本大震災の被害を踏まえた学校施設の整備に関する緊急提言」を発表した。以下に提言の概要を引用する。

(1) 学校施設の安全性の確保

　①耐震化の推進：全国の公立学校で耐震化工事の計画が整備されていない施設は約1万7,400棟残っている。2010年4月時点の公立小中学校の耐震化率は73.3%で、2011年度末に86%になる見込みである。文部科学省は、2015年度までに全施設の耐震化を終える目標を打ち出した。また、自治体が国の補助金を利用して学校の整備を推進する際の基本方針を改訂した。

　②非構造部材の耐震化：柱、梁、壁、床などの構造設計の主な対象となる部材以外の天井材、内・外装材、照明器具、設備機器、窓ガラス、家具等の非構

造部材の耐震対策を実施。特に屋内運動場の天井材の落下防止対策を進める必要がある。非構造部材の被害は、構造体の被害が軽微な場合でも生じていることに留意する。

③津波対策：被災地や津波の浸水が想定される地域では、敷地の確保可能な場合は、津波が到達しない安全な高台に学校施設を建築する。浸水被害が下層階までにとどまる学校施設においては、上層階に速やかに避難できるよう屋外避難階段を設置したり、屋上を緊急的な避難場所となるようにする。上層階が安全で緊急的な避難場所となるよう建物を高層化する。これらの対策を講じる際には学校と地域との関係を十分に考慮する。避難訓練などを行う。

(2) 地域の拠点としての機能の確保

①今回の震災を踏まえた防災機能の向上：あらかじめ避難場所としての諸機能を備えておくという発想に転換する。避難経路を確保する。備蓄物資・備蓄倉庫、トイレ、情報通信設備、電気、水、屋内環境を整備する。

②防災担当部局との連携：あらかじめ教育委員会と防災担当部局との間で、応急避難場所としての位置付け、利用計画の策定、運営、トイレや情報通信設備の整備・維持管理、備蓄・救援物資の確保・管理について連携する。

③地域の拠点として活用するための計画・設計：東日本大震災により、地域における学校の重要性が再認識された。施設の整備に当たっては、防災機能の強化に加え、地域コミュニティの拠点として地域ニーズに対応できるよう、官署や社会教育施設などの公共施設との複合化、公園や福祉施設などと一体的に整備したバリアフリー重点ゾーンなどの機能強化を行う。

(3) 電力供給力の減少等に対応するための省エネルギー対策を実践する。（エコスクールの実現）[4]

2011年7月に発表されたこの緊急提言を経て、2013年3月に文部科学省は有識者10人で構成する「災害に強い学校施設づくり検討部会」を設置した。

(177)

表X-3 学校機能再開までのプロセス

	応急避難場所機能	学校の機能	必要な施設整備
救命避難期 （発生直後〜避難）	地域住民の学校への避難	子どもたちの安全確保	・避難経路 ・バリアフリー
生命確保期 （避難直後〜数日）	避難場所の開設・管理運営	子どもたちの保護者の安否確認	・備蓄倉庫、備蓄物資 ・トイレ ・情報通信設備 ・太陽光発電設備
生活確保期 （発生数日後〜数週間程度）	自治組織の立ち上がり、ボランティア活動開始	学校機能再開の準備	・ガス設備　・和室 ・更衣室　・保健室
学校機能再開期	学校機能との同居→避難場所機能の解消	学校機能の再開	・学校機能と応急避難場所機能の共存を考慮した施設整備

出所）『東日本大震災の被害を踏まえた学校施設の整備に関する緊急提言』東日本大震災の被害を踏まえた学校施設の整備に関する検討会、2011年7月7日

　この部会では、東日本大震災の教訓を踏まえた学校施設の安全対策や防災機能の強化などを検討する。非構造部材の耐震化対策や、中央防災会議による見直しや法令改正の動向を踏まえた、周囲に高台のない平たん部にある学校施設の津波対策などを検討している。2011年7月の緊急提言では、施設の耐震対策や津波対策、防火機能確保策を示していたが、この検討部会では、さらに緊急提言後に得られた新たな情報や知見を今後の学校施設整備方策に活かす考えである。検討成果は2014年3月にまとめられる[5]。

3　仮設校舎の建設

　東北3県の教育委員会によると、被害を受けた小・中学校で2011年5月20日までに仮設校舎の着工が確認できたのは岩手、宮城県の3カ所7校分だけであった。うち2カ所2校分は津波被害がなかった宮城県内陸部であった。高校

と特別支援学校も宮城、福島県の14カ所16校分にとどまっていた。

　仮設校舎ができるまでの間、児童・生徒は地元から離れた別の学校や廃校となった校舎まで通わざるをえない。しかし、数校が同居する間借り生活は不自由が多い[6]。

　宮城県名取市の宮城県農業高校は、農場などの施設が津波で大きな被害を受けた。2011年9月の仮設校舎完成までの間、生徒たちは三つの高校に分かれて授業を受けた。岩手県大槌町立大槌北小学校は、安渡小学校と赤浜小学校と共に、吉里吉里小学校に間借りすることとなり、1つの校舎に、学校が4つという状況が続いた。

　津波で壊滅的被害を受けた岩手県大槌町では、使用不能となった小・中学校5校の仮設校舎が町内の内陸部に建設されることが決まった。町は浸水した区域でいったん着工していた。ところが、防災対策を不安視する保護者らの強い反発を受けて中止となり、場所を再検討していた。6月中に新たな場所で着工し、2学期中の授業スタートが目指された。

　文部科学省は2011年度の1次補正予算で、大学なども含めて仮設校舎250校分の費用を計上した。しかし、被災地で着工や準備を始めたのは30校余りにとどまっていた。街自体の復興計画づくりがこれからで、建設用地を確保するのが難しいことなどが原因である。

　2011年6月初旬の段階で既に着工している仮設校舎も完成するのは大半が7月末ごろとなった。2学期の使用開始を目指す自治体が多く、それまで子供たちは被害が少なかった近隣の学校を間借りするなどして授業を受けることになった。

　直接の被害は免れたが、被災地や福島第1原子力発電所の周辺から避難してきた子供たちを受け入れたために、教室が不足気味の学校もある。文部科学省はこうした学校が仮設校舎を建設する費用も補助できないか検討した[7]。

4　児童・生徒のメンタルヘルス

　被災した子どもたちの心のケアが社会問題となっている。子どもたちの症状は「なかなか口を開かない」「遊びなどで粗暴になった」「震災前に比べて幼くなっている」「少しハイになっている」などだ。学校生活が軌道に乗り日常を取り戻す中で、友人が転校してしまったりして「一緒に遊んでいた友達がいない」などの現実に直面する。震災直後は元気に見えた子どもがふさぎ込んだりする。

　子どもたちのメンタル・ヘルス・ケアのための様々な取り組みがなされている。震災後、文部科学省は、教員やスクールカウンセラーの追加配置を行った。

　宮城県ではプロジェクトアドベンチャー（PA）という教育的手法を2000年から小中高に取り入れてきた。不安な気持ちを抱えていると、自分を守るために無意識に心の壁をつくってしまう。PAは、関係性を深める遊びや自分の枠を広げる「冒険」を通して心の壁を取り除き、安心感を育むという手法である[8]。

5　被災地の学校支援活動例　―勉机ボランティア

　被災地の学校を支援するNPOやボランティアの取り組みの一つにNPO子ども育成支援協会が勉机ボランティアを推進した。勉机ボランティアとは、全国の学校で遊休品となっている学校用の勉強机・椅子を綺麗に再生・除菌した上で、被災した東北地方の学校に贈るという活動であった。子どもの育成の為に、単なる義援金ではなく、もっと直接的に子どもの育成・支援に繋がることはできないかと言うことで、このボランティア活動は行われた。

　関西では、関西大学社会安全学部の学生と関西大学大学院社会安全研究科の院生が、勉机ボランティアに参加した。2011年4月29日と6月11日の両日、

高槻市の港製器工業株式会社の工場の一角を借りて、二日間で合計 70 名の学生と院生が机と椅子の再生作業に従事した。このとき再生された勉強机と椅子は、7 月に宮城県亘理（わたり）町の宮前仮設住宅に届けられた。この仮設住宅には、自宅を失った長瀞（ながとろ）小学校の子どもたちが生活している。東京では、在日フランス人協会のメンバーが机の搬出・搬入作業に協力した。

　なお、震災後、文部科学省は、校舎の復旧費用、教員やスクールカウンセラーの追加配置、奨学金の拡充などの「予算確保」と、校舎を移る際の手続き緩和などの対策をとってきた。しかし、応援教員を探したり、物資を提供する手配をしたりといった直接的な支援は行っていない。これは、公立小中学校の設置者は市町村の教育委員会であり、教員の人事権は都道府県の教育委員会にあるという教育行政の地方分権を重視する観点による。そのため、NPO 子どもの育成支援協会では、勉机プロジェクトで得たノウハウを活かして、仮設住居入居者に必要な日用品を届けたり、被災学校が必要とする物資を贈る日用品ボランティアも展開した。

2011 年 4 月 29 日　関西大学社会安全学部生による被災地に贈る勉強机と椅子の再生作業（高槻市港製器工業株式会社の工場にて）

6 東日本大震災 1 月後の被災学校調査

　筆者は、2011 年 4 月中旬に、宮城県（6 月 15 日現在、被害を受けた公立学校 882 校中 754 校、避難先となった学校 70 校、死亡幼児・児童・生徒 310 人、死亡教職員 16 人、不明幼児・児童・生徒 52 人、不明教職員 3 人、県内国公立学校関連被害総額 1,822 億 8,290 万円）の被災学校を訪問する機会を得た。

　2011 年 4 月 19 日に、宮城県・山元町（被災学校 10 校中 7 校、避難先となった学校 2、死亡幼児・児童・生徒 7）の山下第二小学校を訪れた。玄関部分のガラスは割れ、校舎の一階の床部分は全面に砂が入り、松の木が散乱していた。校長室のドアは押し破られ、職員室の机や書類は手の施しようのない状況であった。4 月 21 日午前には、亘理（わたり）町（被害学校 10 校全て、避難先となった学校 3、死亡児童・生徒 2）の長瀞（ながとろ）小学校が間借りしている吉田中学校を訪問した。長瀞小学校の教頭先生に、津波翌日の状況を撮影した写真を見せていただいた。1 メートルを越える津波が校舎 1 階を襲った様子などがわかった。実際に、長瀞小学校の現地を訪れてみると、校庭のフェンスは無残に押し倒され、校庭は津波により変色してしまっていた。校舎の 2 階部分は使えるわけだが、その部分を使用して学校を再開することは不可能である。なぜなら、校区の住宅地が壊滅的な被害を受けているからだ。「まわりが壊滅している地区の学校に通わせるのは危険」「多くの児童が避難所にいる状況で、もとの学校に通わせるのは現実的ではない」と教頭は説明して下さった。さらに、「吉田中学校も浸水した。1 階や体育館をここまできれいにするのが本当に大変でした。だから、被害を受けた長瀞小学校が、被害を受けていない吉田中学校を間借りしているというのではありません。吉田中学校も被災したのです」と語って下さった。学校の校舎が使えなくなったから、他の学校を間借りして再開する場合も、非常に事情は複雑であることが感じ取れる。

　名取市（被災公立学校 20 校中 17 校、避難先となった学校 2 校、死亡幼児・

児童・生徒23人、死亡教職員1人）では、閖上（ゆりあげ）小学校区の住宅地が津波により壊滅的な被害を受けた。閖上小学校は、同市の高台にある不二が丘小学校を間借りして再開されることとなった。2011年4月21日午後、閖上小学校の入学式が、校庭の桜が満開の不二が丘小学校で行われた。筆者はこれに臨席する機会を得た。震災前は48人が入学する予定であったが、この日、晴れの入学式を迎えたのは22人の新入生であった。ご自身も閖上地区にある自宅を津波に流された佐々木市長が祝辞を述べた。平山校長の次の言葉が印象的であった。

「このような状況にもかかわらず、閖上小学校に入学することを決断して下さったみなさんの勇気に感謝いたします」[9]

7　初動対応
―学校における危機管理とリーダーシップ・機転を利かせた先生―

多くの学校で、長い揺れが続いた地震に注意を奪われ、津波への対応が遅れたのに対して、津波の危険性を察知し、機転を利かせて児童・生徒を高所へ避難させた学校があった。

(1)　宮城県東松島市・浜市小学校における初動対応

宮城県東松島市の浜市小学校は、津波に襲われながら、現場の先生の判断により、児童を避難させて、死傷者を1名も出さなかった。3月11日午後2時46分、5時間目終了後の休憩時間開始直後に地震が襲った。5年生の授業で理科室にいた教務主任の渡辺教諭は児童に「机の下にもぐりなさい」と指示した。直後に電気が切れた。職員室のテレビもつかなくなった。渡辺教諭は駐車場の自分の車に走り、玄関に横付けして車内のテレビをつけた。大津波警報が出ていることがわかった。2010年のチリ地震津波で避難所となった経験から、教職員は体育館からござやシートを持ち出し、保健室の布団を運び出した。午後

3時40分ごろ、消防車が校庭に走り込んできて、消防団員が「津波だ。早く避難しろ」と叫んだ。直後に、黒い津波が、消防車を飲み込んだ。流されてきた家や何十台もの車が校舎に激突する中、教員は「もっと上に上がれ」と児童に指示した。児童や避難してきた住民たちは、最も高い3階の音楽室に駆け上がった。津波はあと5段上がれば2階に届くというところで止まった。午後4時すぎに校長は2階の5年生の教室に災害対策本部を開いた。メンバーは住民代表と消防署員、地元消防団員、教員ら20人であった。間もなく携帯電話も不通となり、学校は孤立した。「低体温症を起こさない注意を」という消防団員の指示に基づき、暖をとるためにカーテンや暗幕、ピアノのカバー、新聞紙、段ボールなどが集められた。水道が出る間に飲む水とトイレの水を確保しようと、ペットボトルとバケツに水が入れるだけ入れられた。闇夜が訪れると理科室にあった実験用の豆電球が明かりとなった。翌朝、市の職員が防災無線を持って到着し、より高台にある県立東松島高校への移動が決まり、午後5時までに全員がバスのピストン輸送で移り終わった。

 大地震の場合、校庭に避難し、保護者に引き渡すことになっていたが、多くの学校で、保護者に引き渡された子どもが帰り道や自宅で津波にさらわれた。浜市小学校では、チリ地震後、議論を重ねて、大津波警報の場合は、校庭での集合をやめて、迎えに来た保護者と共に校舎に退避し、警報解除まで学校にとどまらせる方針を新年度から徹底させようとしていた。今回の津波を受けて、「地震と津波をセットにした対策を徹底すること」「津波の際は3階以上に避難、屋上の鍵は常にドアのそばに置き、すぐに開けられるようにすること」を同校は確認している[10]。

(2) 宮城県亘理町・長瀞小学校における初動対応

 筆者は2011年8月25日に関西大学社会安全学部の学生と共に宮城県亘理町の長瀞小学校を訪問した。もともとの校舎は津波による被害で、現在も使える状態ではないため、吉田中学校の校舎に併設となっている。長瀞小学校では、

全校児童の約3割にあたる60人の児童が、仮設住宅から通学している。鈴木校長先生と渡邊教頭先生から、震災直後にどのように対応したかについてお話しをうかがった。長瀞小学校では、児童全員が無事だった。長瀞小学校では、終礼が終わるか終わらないかというタイミングで震災が発生し、全校児童がまだ学校内にいた。子どもを迎えに来た保護者の車が学校の周りに並んだ。海辺の学校で働いた経験のある先生が津波の危険性を喚起し、子どもの引き渡しをやめ、迎えに来た保護者も一緒に校内に避難してもらうことにした。隣の保育所の子どもたちや、近隣の住民の方も避難してきた。体育館の中に避難してしばらくすると、津波の第一波が来た。校舎と体育館の間を流れる川によって津波の衝撃がいったん吸収された。体育館は校舎よりも少し高い位置にあり、隙間を体操のマットで塞いだため、第二波、第三波が来ても中までは浸水しなかった。校舎の一階部分は浸水し、教室の内部はぐちゃぐちゃになってしまった。先生方の車は流された。パソコンも使えなくなって業務データが失われた。自宅を流された先生や児童が多くいる。海から2キロ離れており、もともと地域として津波に対する意識はそれほど高くなかったが、児童全員の生命は守ら

関西大学社会安全学部の学生に2011年3月11日当日の初動対応について説明する校長先生（左）と教頭先生（右）

体育館の前を流れる川が津波の第一波の衝撃を吸収した。

れた。

　なお、関西大学社会安全学部生4人が、長瀞小学校5年生に特別授業として、2011年8月25日の3時間目に、5年生の国語の授業時間を使って、「大阪弁と大阪文化」の特別授業を行った。大阪の名物や大阪弁の代表的な言い回しにつ

2011年8月25日　関西大学社会安全学部生による長瀞小学校5年生に対する特別授業

いて、質問やクイズを交えた授業に、子どもたちは楽しそうに参加した。担当した社会安全学部生は、しっかり準備していたにもかかわらず、緊張して、予想よりかなり早く、話す項目をすべて使いきってしまった。それでも教頭先生や5年生担任の鈴木先生が助け舟を出して下さり、何とか盛り上がった形で授業を終えることができた。大変な状況にもかかわらず、こうした交流の機会を与えて下さった長瀞小学校の先生方のご厚意に心より感謝しなければならない。

(3) 宮城県農業高校における初動対応

2011年8月25日、当初「勉机プロジェクト」で机と椅子が贈られる予定だった名取市の宮城県農業高校を訪問した。校舎の1階部分の状況は、無惨のひとことに尽きた。前述の長瀞小学校よりもはるかにひどい状況であった。校庭にはつぶれた自動車がずらりと並べられていた。

当然のことながら、この校舎で授業をすることは不可能である。2011年度の1学期は、3つの学校を間借りして、生徒たちは3つに分かれて、授業を受けていた。2012年の2月には、ついに、元々の校舎での再開を断念し、新たに別の場所に校舎を建造することが発表された。

筆者の訪問当日、4人の職員の方が屋上に案内して下さり、津波が来たとき

の状況について語って下さった。地震が起こった日は、入試が終わった次の日だった。授業は休みで、部活動で120人の生徒だけが学校に来ていた。地震が発生後、海から近い学校なので、津波が来ることを念頭に、生徒を屋上に誘導した。屋上から第1波を目の当たりにした恐怖から、屋上にいる生徒や教職員ら200人は、さらに水道タンクが置かれた部分に登った。結局、津波は2階の高さに達して止まった。全員無事だった。校長は、学校で一夜を明かすことを

学校内にいた人が避難した宮城県農業高等学校の屋上。
さらに水道タンクの位置に200人が登った。

決めた。

屋上から3階の教室に下りて、一夜を明かした。教室を回ってカーテンをかき集めて、それで寒さをしのいだ。野球部マネジャーが持ってきていたスポーツドリンクを分けあった。朝になると、膝までに水位が下がっていたので近くの避難所に移った。そこでやっとおにぎりが1つずつ配られた。

(4) 学校における初動対応の見直し

　東日本大震災では、保育所・幼稚園の園児、小学校の児童の約400人が死亡した。あれから3年が経過して、当時の教訓が学校現場の防災に活かされている。

　園庭の一部が津波で浸水した宮城県塩釜市のあゆみ保育園では、東日本大震災の後、子どもの引き渡し方法のマニュアルを変更した。震災以前は、「地震が発生したら、できるだけ早くお迎えにくること」を保護者に求めて、迎えに来た順に、子どもを保護者に引き渡して帰していた。しかし、震災後は、迎えに来る途中や引き渡した後に、災害に巻き込まれるリスクを考えて、「お迎えは、まず保護者自身が安全を確認してから。迎えに来た場合でも、津波などの危険が残っていたら引き渡しはせず、園児たちと一緒に避難してもらう」という風にマニュアルを変更した。このように、学校現場では、いつ想定外の災害が発生するかわからないので、さまざまな状況を考えておくことが重視されている。

　文部科学省が、2012年1月に、岩手、宮城、福島3県のすべての幼稚園と小中高校、特別支援学校を対象に実施した震災時の状況についてアンケートの結果からは、様々な反省点が浮き彫りとなった。具体的なアンケート結果によれば、「マニュアルや日頃の訓練が役立った」という声が多くある一方で、「停電で校内放送や電話が使えなくなることを想定していなかった」「下校中や休み時間中に地震が起きる可能性を考えていなかった」「学校規模や地域性に応じた独自のマニュアルを作らず、自治体のマニュアルをほぼそのまま使ってい

た」といった回答も見られた。また、園・学校の4割で、日常的に防災について話し合う場を設けていなかった。

　文部科学省は、このアンケート結果や、有識者会議の議論を踏まえて、防災マニュアルの手引を作成して、全国の幼稚園と小学校に配布した。その内容は、①地域の実情に合った独自のマニュアル作成する、②マニュアルは、訓練で明らかになった課題に応じて繰り返し見直す、③訓練は校内放送や電話、メールが使えない事態も想定して実施する、④津波などの二次災害が懸念される場合には、子どもを引き渡さず、保護者も一緒に学校にとどまったり、避難を促したりすることも必要というものである。

　一方、保育所を担当する厚生労働省は、対応を、自治体や保育所の判断に委ねている。このように、行政や教育現場で、取り組みに温度差があるのが現状である[11]。

8　東日本大震災が示した課題
―地域社会における学校の危機管理と防災教育

　東日本大震災は、地域社会における学校の役割や防災教育の課題を考え直す契機となった。2012年1月25日と26日の両日、『朝日新聞』に掲載された特集記事から、要点をまとめておく[12]。
(1)　全国の公立学校の9割が災害時の避難所に指定されている。防災面で学校と地域社会との連携は不可欠である。
(2)　宮城県が各学校に「避難所運営組織をスムーズに立ち上げられたかどうか」を調査した。その結果、「学校支援地域本部」があって住民が日常的に行事などを手伝いに来ていた学校では95％が「順調であった」と回答した。
(3)　同じ調査で、「学校支援地域本部」がない学校では40％で立ち上げ時に混乱が見られたとの回答が寄せられた。ちなみに「学校支援地域本部」を

持つ市町村数は全体の3分の1にすぎない。
⑷　中川正春・文部科学大臣は「学校が地域コミュニティーの中心になり、地域の元気の源にあるということが震災で再認識された。子どもたちと地域住民が一緒になって防災に取り組む体制を作りたい」と発言した。
⑸　2011年度第3次補正予算に「学びを通じた被災地の地域コミュニティ再生支援授業」を盛り込んだ。
⑹　学校を地域社会の核と位置付け、住民に学校や公民館で子どもたちに勉強を教えてもらい、一緒にスポーツや避難訓練をする。
⑺　ＰＴＡや自治会の人に地域教育コーディネーターとして、学校と地域のつなぎ役を担ってもらう。
⑻　先生や子どもと地域社会の住民が日頃から顔を合わせ、信頼関係を構築しておけば、災害時に避難所をスムーズに運営できる。
⑼　「子どもが自ら判断できる力を育てる」防災教育を展開する。
⑽　「釜石の軌跡」：岩手県釜石市鵜住居地区の小中学校にいた児童生徒約570人全員が無事に避難した。これは、群馬大学の片田敏孝教授が①想定を信じるな、②どんなときでも最善をつくす、③自ら率先して避難する、という3原則を教え込んだ成果である[13]。
⑾　こうした防災教育は、釜石で8年前から実施されており、それは「津波てんでんこ」（津波の避難は1秒を争うので、てんでにばらばらに逃げるしかない）の精神に則っている。
⑿　2011年末より、文部科学省は全国の教員ら200人を対象に子どもの安全指導から出発して、地域防災リーダーを担える人材を育成する研修を開始した。
⒀　学校が地域のシンボルであり、子どもたちの笑顔が希望につながることの意識。
⒁　暗記力・反復力から判断力・コミュニケーション力・情報編集力の時代に変わったことの意識。東日本大震災の教訓は、事前の想定を超える事態

が起こりうるということであある。それに対応するには日常的に「自分で判断する力」身につけることが重要であり、そうした力を養わせる教育、防災教育を展開する必要がある。

表X-4　学校の危機管理と防災教育：震災後の国の取り組み

```
＜これまでの取り組み＞
・学校の復旧と耐震化支援
・教員の追加配置
・スクールカウンセラーの派遣
・授業料免除や奨学金などの経済的支援
・支援の要請と申し出を結びつける情報交換サイトの開設
・大学生のボランティア活動の単位認定
・福島県の小中学生のためのサマーキャンプ
・教員への防災教育の研修
＜今後の方針＞
・緊急地震速報受信システムの整備
・放課後学習や地域のネットワークづくりを担うコーディネーターの配置
・各校の防災マニュアルの充実
```

出所）『朝日新聞』2012年1月25日朝刊

おわりに

　地震列島である日本では、今後、首都直下地震や、南海トラフ巨大地震などの発生が予想される。自然災害に対するソーシャル・リスクマネジメントを展開する際、地域社会に根差した学校の存在は極めて重要である。

　「災害に強い学校」を目指して、表X-5にも示すように、①防災教育、②学校におけるリスク・コミュニケーションの実践、③校舎の耐震化・津波対策、④子どものメンタルヘルス・ケアの体制、⑤避難場所となることを想定したトイレの増設、⑥食料・寝具・医薬品を備蓄する倉庫の設置、⑦公民館や福祉施設との一体化、⑧貯水槽や自家発電装置の整備、⑨情報通信施設の充実などの

諸点が重要となる。

表Ⅹ-5　学校と地域社会　－ソーシャル・リスクマネジメントの要点

- 災害大国として近未来に予想される首都直下地震や南海トラフ巨大地震などの自然災害に対する意識
- 自然災害に対するソーシャル・リスクマネジメントの意識
- 地域社会に根差した学校の存在
- 「災害に強い学校」を目指すための要点
  ①防災教育　②学校におけるリスク・コミュニケーション
  ③校舎の耐震化・津波対策
  ④子どものメンタルヘルス・ケアの体制
  ⑤避難場所となることを想定したトイレの増設
  ⑥食料・寝具・医薬品を備蓄する倉庫の設置
  ⑦公民館や福祉施設との一体化
  ⑧貯水槽や自家発電装置の整備
  ⑨情報通信設備の充実
  ⑩病院や消防機能を併せ持つ施設の整備

注記

1)「「判断する力」育み定着『朝日新聞』2012年1月26日朝刊。

　例えば、近年ソーシャル・リスクマネジメントの考え方に基づく研究活動を展開している日本リスクマネジメント学会は、2011年9月9日と10日に白梅学園大学で開催された第35回全国大会（尾久裕紀実行委員長）において、「311後の日本に求められるリスクマネジメント」を統一論題として研究報告と討議を行った。統一論題のサブテーマとしては、「地域社会と子どもの未来」と「震災・津波と企業の復元力」が設定され、それぞれ亀井克之（関西大学）と上田和勇（専修大学）が司会兼問題提起を行った。

　統一論題に関連して行われた研究報告は次の通りである。
- 「東日本大震災：東北の被災地から」江尻行男（東北福祉大学）
- 「生活再建とリスクマネジメント」奈良由美子（放送大学）
- 「リスク社会における子育て支援」尾久裕紀（白梅学園大学）
- 「東日本大震災と災害危機管理」藤江俊彦（千葉商科大学）
- 「東日本大震災と企業の危機管理」髙野一彦（関西大学）

・「東日本大震災：保険をめぐる諸問題」中居芳紀（東京海上日動）
・「ドイツから見た東日本大震災」フランツ・バルデンベルガー（ミュンヘン大学）
・「韓国から見た東日本大震災」姜徳洙（専修大学）
　さまざまな観点からの研究報告の後、ディスカッションが行われた、小さくても光る学会を体現する熱い質疑応答が展開された。
2）『読売新聞』2011年6月9日朝刊；「「判断する力」育み定着『朝日新聞』2012年1月26日朝刊。ベルマーク教育助成財団が2013年11月から2014年2月にかけて岩手、宮城、福島の被災3県の小・中・特別支援学校に行なった調査によれば、回答校のうち、校舎が使用不能になった73校で、元の校舎が使用できるようになったのは27.4％にとどまった。他校に間借りしているのが19.2％、廃校・企業などに間借りが15.1％、仮設校舎が34.2％であった（『朝日新聞』2014年2月25日朝刊）。
3）『日本経済新聞』2011年6月8日夕刊。
4）『東日本大震災の被害を踏まえた学校施設の整備に関する緊急提言』東日本大震災の被害を踏まえた学校施設の整備に関する検討会、2011年7月7日。
（http://www.mext.go.jp/component/b_menu/shingi/toushin/__icsFiles/afieldfile/2011/07/07/1308045_1.pdf より取得）
5）『建設通信新聞』2013年3月7日。
6）『朝日新聞』2011年5月23日夕刊。
7）『日本経済新聞』2011年6月2日夕刊。
8）『読売新聞』2011年6月9日。
9）亀井克之「東日本大震災による学校の被災について」『実践危機管理』第24号、ソーシャル・リスクマネジメント学会会報、2011年7月。
10）『朝日新聞』2011年5月8日。
11）『朝日新聞』2013年10月19日。
12）「まちの再生　学校が要」『朝日新聞』2012年1月25日朝刊；「「判断する力」育み定着『朝日新聞』2012年1月26日朝刊。
13）片田敏孝『みんなを守るいのちの授業　大つなみと釜石の子どもたち』NHK取材班、2012年。

参考文献

亀井克之「東日本大震災と学校の危機管理」亀井利明・亀井克之『ソーシャル・リスクマネジメント論』（同文館出版、2012年）第9章。

第Ⅹ章　学校の危機管理（亀井）

参考資料

『かもめ』名取市閖上小学校学校便り　2011.4.21　第1号　より

＜目指す子供像＞　学び合う子ども・助け合う子ども・鍛え合う子ども
＝かしこく・やさしく・たくましく＝

　本日、平成23年度の始業式・入学式が行われ、全校児童229名で閖上小学校の新しい一歩を踏み出しました。たくさんの方々のご理解・ご協力のお陰で、不二が丘小学校の校舎をお借りして学校が再開できたことに心から感謝申し上げます。子どもたちは久しぶりの友だちや新しい担任との出会いに完成を上げていました。午後の入学式では22名の新入生を迎えました。児童・保護者の皆様には、心からお喜び申し上げます。

　困難な中でも、前に進む新しいスタートとなることから、今月のテーマは、「**希望と勇気の一歩を踏み出す4月**」としました。これからも様々なことがあるかと思いますが、全職員が一人一人の担任という意識で子どもたちに寄り添い、全力で支えていきます。

　今年度の学校経営方針として「閖小プラン23」を立てました。各学級でTTでの授業を行い、きめ細やかな指導をしながら、今まで以上に子どもたちに確かな学力をつけることと心のケアに重点を置いて取り組んでいきます。皆様のご支援・ご協力をよろしくお願い申し上げます。

| 平成23年度学校経営 | 閖小プラン23 | H23.4.21 |

1　学校経営の基本方針
　　・社会の進展や変化に主体的に対応し、次代を築く基盤としての「生きる力」を身に付けた児童と育てる。
　　・一人一人の児童に寄り添い、学習や集団生活の楽しさを味わわせたり、個別の相談を通したりして心のケアに努める。
2　学校教育目標
　　「生きる力」を支える確かな学力、豊かな心、健やかな体の調和のとれた児童の育成
3　めざす子ども像
　　学び合う子ども「かしこく」
　　助け合う子ども「やさしく」
　　鍛え合う子ども「たくましく」

第XI章　学校現場における安全管理・防災教育の実践
　　　―高槻市立　磐手小学校における取り組み―

亀　井　克　之

はじめに
1　高槻市立磐手小学校における安全管理方針　―危機管理とリーダーシップ―
2　関連資料

　　　　　　　　　　　はじめに

　本章では、子どもの安全とリスク・コミュニケーションの実践例として、①高槻市立磐手小学校における安全管理、防災教育、安全教育の取り組み、②関西大学・社会安全学部の学生を中心とするボランティア・サークル KUMC による防災教育の出張授業の取り組みについて考察する。

1　高槻市立磐手小学校における安全管理方針
　　　　―危機管理とリーダーシップ―

　学校における安全管理、防災教育、安全教育の実践例として、まず、高槻市立磐手小学校の事例を取り上げる。学校現場においても、企業の場合と同じように、安全管理・危機管理の展開において、リーダーシップは重要である。2013年11月15日と同12月17日に行った同校の門原百一郎校長へのインタビューに基づき、同校の取り組みをまとめる。

(1) 学校における危機管理

　まず学校における危機管理について概観する。下表は、磐手小学校の門原校長による関西大学社会安全学部生向けの特別講演（2013年12月17日）に基づいている。

---

1. 危機管理
　(1)ハインリッヒの法則に基づくリスクの認識
　　「1件の重大事故（死亡・重傷）」の背景には「29件の軽傷事故」があり、その背景には「300件の日常的にヒヤリとしたりハッとしたりする出来事（ヒヤリ・ハット）」がある。
　　　☆具体的指示例「まずいことが起こっても、きちんと報告すべし」
　(2)危険（risk）と危機（crisis）
　(3)危機が生じる場面
　　①児童生徒・教職員の生死、学校組織の激変、学校の信頼が覆るような事態
　　②学校に内在する危機
　　　◆学校安全管理（学校事故、不審者、施設、保健・衛生、交通事故等）
　　　◆教育運営管理（教科指導、生徒指導、情報の取り扱い）
　　　☆具体的指示例「1枚の紙であっても、大切な情報が載っていれば細心の注意を払って貴重に取り扱うべし」
　　　◆人事管理（服務、分限・懲戒、研修、勤務条件等）
　(4)危機管理の目的
　　①危機を起こさないようにする。
　　②危機（事件・事故等）によって生じた、教職員や児童生徒の被害を最小限に抑える。

2. 危機管理の２つの側面
   (1)日頃からの危機管理（事前の危機管理　リスクマネジメント）
      ①危機の予知・予測（情報の収集）
         ◆さまざまな危機の予測　◆事件・事故の傾向の把握
         ◆校内や保護者・地域等からの情報収集
      ②危機の未然防止に向けた取り組み（事前の諸準備）
         □危機管理体制の確立　□マニュアルの改善・周知
         □教職員の研修の充実　□訓練等の実施
         □児童生徒・保護者への啓発
         □保護者・地域との連携・協力体制の確立
   (2)事件・事故発生後の危機管理（事後の危機管理　クライシスマネジメント）
      ①児童生徒や教職員の安全確保、通報　②状況把握
      ③緊急対策会議　④適切・迅速な対応
         ○連絡体制の整備　○外部との窓口の一本化　○二次被害防止
         ○学校の安定化　○記録　他

3. 報道対応
   (1)対応の基本姿勢
      ①積極的な情報の公開　②誠意ある対応　③公平な対応

4. 体罰等、児童生徒の人権を侵害する事象の防止
   (1)教員が負うべき法的責任、①民事責任、②刑事責任、③行政責任

5. 学校における危機管理の要諦
   (1)「１人の子ども」：その後ろには10人の人がいる。１人の子どもを大切にすれば、10人の味方をつくることに繋がる。

(2)「教育は」:「今日行く」ということ。先手を打つ。今日行けば「説明」。明日行けば「弁解」。今日の出来事は後回しせずに、今日中に対処する。

(3)「5分以上の電話」:そのような場合は、家庭を訪問して顔を合わせて話す。保護者の方とは電話ではなく、顔を合わせて話をする。

(4)「首より上」:首より上に何かあったら、即、病院へ連れていく。素人判断をすれば、取り返しのつかない事になる可能性がある。子どもの骨折は分かりづらい。

(5)「PTA役員」:PTA役員は学校の味方である。保護者の代表に話を通すという意味でも、何かあれば情報を共有し、相談する。

(2) 校長による危機管理方針

①一番気を使うべきこととしての『情報管理』:学校には様々な人がおり、膨大な個人情報を扱うことの認識。1枚の紙であっても、個人情報が載っている限り、それは大きな重要性を持つ。細心の注意を払って大切に取り扱う

②電話での応対:個人情報に関わる電話は必ず1度切り、対応を確認してから折り返し連絡をする様にしている。

③人の出入り:教員以外にも事務職員や、校務員等多くの人々が激しく出入りする為、服務に従って業務を遂行してもらう様にしている。

④ハインリッヒの法則に関して:学校は「ヒヤリハット」が非常に多い。例えば、「給食に髪の毛が混入している」「野菜を切るカッターの刃が変形した」など。こうしたリスクを感じる物事はすべて省く。何かが起こってからでは遅い。ヒヤリハットのうちに、阻止する。上手くいかなくても、失敗しても事故や事件に繋がりそうな事は小さなことでも全て報告する様に教職員に伝えている。

⑤事故には起きる要素やタイミングがある:情報は共有する。学級担任しか知

り得ない情報があると、他の教員が担当した際に事故や事件に繋がる恐れがある。
⑥校長自身がしている事柄：学校に関する記事は必ずスクラップ（新聞・ニュース・ケータイは毎朝チェック）。特に今、関心が高いのが『食物アレルギー』に関連する記事。2012年、ある小学校で給食を食べた児童が食物アレルギーが原因で死亡した。対象児童にはアレルギーのある食材は除いて給食を渡す等の措置を取っている。校長自身が毎日12:00に必ず給食を食べる。「検食」であり、初めに食す事で異常に気付くシステムになっている。毎日、給食が終わるまでは相当の緊張感が要求される。

(3) 安全をめぐる取り組み

磐手小学校では、保護者にとって、わが子が学校にから安全に帰ってくるということが一番重要であることから、「学校で大切な事」は次の2点だと明確に位置付けられている。
　　①危険を排除し、危機を乗り越える。
　　②子どもの安心・安全を最優先する。
磐手小学校の「安全部」は5～6人の教員で構成される。防災教育の計画・実施を行っている。子どもたちに「身をもって」安全について教える事を目指している。

「学校だより」によれば、2013年度には、6年生対象に、警察が『非行防災教室』を実施した。ここでは、LINEの危険性等について学んだ。これは、なりすましによる犯行が増加していることを受けて実施された。5年生対象には、茨木サポートセンターの職員が同様の教室を開かれた。

小学校6年生の5～6割が携帯を所持している状況にある。塾などで帰宅が遅く、安全確保のため、持たざる得ない状況もある。

危機管理では、地域社会における連携、異年代の交流が重要である。毎年児童会主催で実施される「磐手まつり」では、小学生が企画・運営し、出し物を

行う。6年生は半分の子が店番をし、残りの半分の子が1年生の面倒を見る。また、地域行事が活発で、地域の「縄跳び大会」や「耐寒アスレチック」等をとおして、近隣の幼稚園や小学校との交流が深まっている。

(4) 災害対応マニュアル

　磐手小学校における「災害時の措置・対応マニュアル」の一大特長は、「1.暴風警報発令に伴う対応」、「2.特別警報が発令された場合の対応」「3.震度5弱以上の地震発生時の対応」「4.不審者・被害情報・災害等による緊急時の下校対応」という4種類の対応マニュアルがB4横1枚の紙にまとめられていることである。通常、これらのマニュアルがばらばらになっていることが多い。この1枚にまとめ上げられたマニュアルが、家庭や教室に掲示されている。これを見て、教員・保護者のみならず、子どもが自発的に行動する事が目指されている。

　このマニュアルでは、落雷など下校中のリスクも想定している。さらに、不審者情報や台風・地震・落雷の緊急度に応じた、学校や地域の対応方法を4段階で規定している。

　(本章末　資料1参照)

(5) 安全マップと地区の取り組み

　「校区安全マップ」は、校区内の危険な個所を把握しておく目的で作成されたオーソドックスなハザードマップである。磐手小学校は校区が広いので普段から集団登校を実施している。さらに定期的な全校地区別集団下校の訓練も実施している。必要に応じて、緊急度を要する場合の引き渡し訓練をする場合もある。

　「危険個所マップ」は、保護者が校区内での危険な箇所を見つけ、PTAで作成したものである。PTAの力でマップを作成することで、非常時に実際に学校から子どもをどこまで送り届けるかといった点が明確になる。

（本章末　資料2　参照）

(6) 地区との連携

　磐手小学校校区では、集団登校に係わる地区委員さんが「地区連絡網」を作り、非常時の連絡体制を整備している。また、通学路を歩き「危険個所マップ」を定期的に点検・改善するとともに、道路設備や標識の設置などの子どもたちの安全に向けた、改善点を市に要望している。

　「地域を知り、自らが考え動く」子どもの育成が目指されている。学校のみならず、地域や保護者とつながり、子どもの安全に取り組む学校である。

　近隣に、古曽部防災公園と関西大学・社会安全学部があるという立地条件を活かし、小学生に関西大学の教授による講義を聴かせる機会を持つなど、子どもの知的好奇心を刺激し、感性を伸ばす防災教育を志向する。安心・安全が何より求められる学校で、すべき事に取り組みたいという意気込みである。

(7) 関西大学社会安全学部との関わり

　従来から、防災教育に力を入れようという方針であった。地域と連携して防災ゲーム「クロスロード」の購入を検討などしていた。東日本大震災の翌年2012年の1月に開催された高槻シティハーフマラソン大会に岩手県大槌町の小中学生20人が招かれたときには、磐手小学校はホスト校として歓迎した。

　関西大学・社会安全学部との関わりは、同学部のボランティア・サークルKUMCの学生が、直接、校長先生に「小学生に防災教育の授業をさせて下さい」と電話をかけたのがきっかけとなった。

　2013年7月11日に4年生に向けて、KUMCメンバーの学生が「河川の危険」について授業を行った。校長先生は学生たちが通常通りの45分間きっちりと授業をしたことに感動した。さらに、KUMCメンバーは、8月25日の高槻市の防災デイに、「新聞紙を使ったスリッパの作り方」の授業を3年生と4年生に対して行った。

そして、2014年1月14日に、磐手小学校の5年生と6年生の合計180人が関西大学・社会安全学部のある高槻ミューズ・キャンパスを訪問した。まず小学生は、安全ミュージアムと備蓄倉庫を見学した。次に、この日の社会安全学部の2時間目の講義科目の一つである「リスクマネジメント論」（亀井克之担当）を大講堂で大学生と机を並べて受講した。

(8) 2013年8月25日（日）　防災デイの取り組み
　第1部では、従来の始業式を想定して体育館での避難訓練および防災シミュレーションが実施された。
　第2部では、学年ごとに教室で授業を行われた。事前に教員が訪れた消防署の備蓄倉庫や防災公園での取り組みが説明された。内容は、学年のレベルに合わせたクイズ学習などである。
・第3部では、学年ごとにさらなる防災授業が実施された。1年生ではビデオ、2年生はクイズ、3～4年生では関西大学社会安全学部のボランティア・サークルKUMCのメンバーによるによる「新聞紙を使ったスリッパの作り方」の授業、5～6年生ではクロスロードである。
　（本章末　資料3、資料4参照）

第XI章　学校現場における安全管理・防災教育の実践（亀井）

2　関連資料

資料1

保存版　磐手小学校　災害時の措置・対応マニュアル【H25　10月改訂版】

1．暴風警報発令に伴う対応

台風などにより暴風警報が発令されましたら、次のような措置及び対応となります。

■登校前
(1) 午前7時現在、北大阪（高槻）に暴風警報が発令されている時は登校しないで、自宅で待機してください。
(2) 午前9時までに、暴風警報が解除されたら登校させてください。午前中授業となります。
【午前7時現在で、暴風警報が解除されている場合、当日の給食はありません】
※台風通過後、時折強風が吹くこともあります。各通学路の状況をみながら登校させてください。
なお、強風や通学路の状況等で判断に迷う場合は、学校（072－683－4960）にご相談ください。
(3) 午前9時までに、暴風警報が解除されない場合は、『臨時休業』です。
■登校後
(1) 登校後に暴風警報が発令された場合は、状況を見ながら下校します。
①一斉メール配信及び地区連絡網で連絡します。
②「全校地区別集団下校」をします。（保護者への引き渡しの場合もあります。）
③給食については当日の状況判断になります。
※学童保育室の開室（13時30分）以降の対応は、学童保育室マニュアルをご覧ください。

2．特別警報が発令された場合の対応

特別警報（平成25年8月30日より運用）【追加】

■高槻市に特別警報（大雨・暴風・高潮・波浪・暴風雪・大雪）が発令された場合、その日は『臨時休業』です。翌日は、学校施設や通学路の状況により判断します。
※避難勧告に伴い避難場所へ避難するか、外出することが危険な場合は家の中で安全な場所に留まるなど、直ちに命を守る行動をとって下さい。

3．震度5弱以上の地震発生時の対応

大地震が発生した場合は、次のような措置及び対応となります。

■登校前
『臨時休業』です。各家庭で安全確保に努めてください。
■登校途中
(1) 危険な場所をさけ、安全な場所に緊急避難し、ゆれがおさまったら、自宅か学校のどちらか近い方へ行ってください。その際は、落下物・壊れそうな建物や塀（特にブロック塀）・地割れなどには近づかないようにしてください。
(2) 学校に登校した児童は連絡網で確認させていただきますが、電話が通じない場合も想定されますので、自発的にすぐ学校まで引き取りに来てください。
■登校後
児童を学校に待機させ、緊急時下校対応表に基づき「保護者へ直接引渡し」を行います。
※震度5弱未満の地震発生時
○『臨時休業』とはなりません。ただし、学校や地域の状況により同様の措置をとる場合もあります。
予期しない事態に備え、各家庭で適切な状況判断、安全確保に努めてください。

4. 不審者・被害情報・災害等による緊急時の下校対応

学校内外で事件、事故や災害など不測の事態が発生した次のような措置及び対応となります。
学校、PTA及び地域が連携して児童を安全に保護者に引き渡すために、緊急度に応じた4つのレベルで、その対応を変えております。各家庭で確認の上で、ご協力をお願いいたします。

緊急時下校対応表

レベル	緊急度及び事例	学校の対応	PTA・保護者・地域
1	○八中校区において、不審者情報もしくは市内において被害情報があった場合	・お知らせプリント配布 ◆一斉メール配信 □状況に応じて学年ごとの集団下校 ・状況に応じてポイントまでの教職員付き添い	・PTA役員、地区委員長に連絡
2	○近隣校区において、被害が発生した場合 ※下校時「落雷」の恐れ	・お知らせプリント配布 ◆一斉メール配信 ■<u>学年ごとの集団下校</u> ・教職員パトロール	・PTA役員、地区委員に協力依頼 ・安全ボランティアの協力
3	○近隣校区、校区内で事件が発生 ○凶悪犯の逃走 ○「暴風警報発令」 ○「震度5弱未満」の大規模地震	・お知らせプリント配布 ◆一斉メール配信 ■全国地区別集団下校 ・教職員パトロール	・PTA役員、地区委員に協力依頼 ■地区連絡網での周知 ・安全ボランティアの協力 ・状況に応じて保護者のポイントまでの出迎え ・状況に応じて地域の応援
4	○凶悪犯の校内侵入 ○学校、校区内での重大な事件・事故発生 ○集中豪雨等に伴う災害発生 ○「震度5弱以上」の大規模地震	◆一斉メール配信 □児童は学校待機 ■<u>保護者へ直接引渡し</u> ・教職員パトロール	・PTA役員、地区院に協力依頼 ■<u>地区連絡網での周知</u> ■緊急引き渡しカードによる連絡 ・状況に応じて地域の応援

※下校時に、「落雷」の恐れがあると判断した場合は、児童を学校で待機させます。一斉メール配信で、その後の対応についてお知らせいたします。

緊急下校を行った日、下校時の外出は大人同伴

第XI章　学校現場における安全管理・防災教育の実践（亀井）

資料2　危険箇所マップ

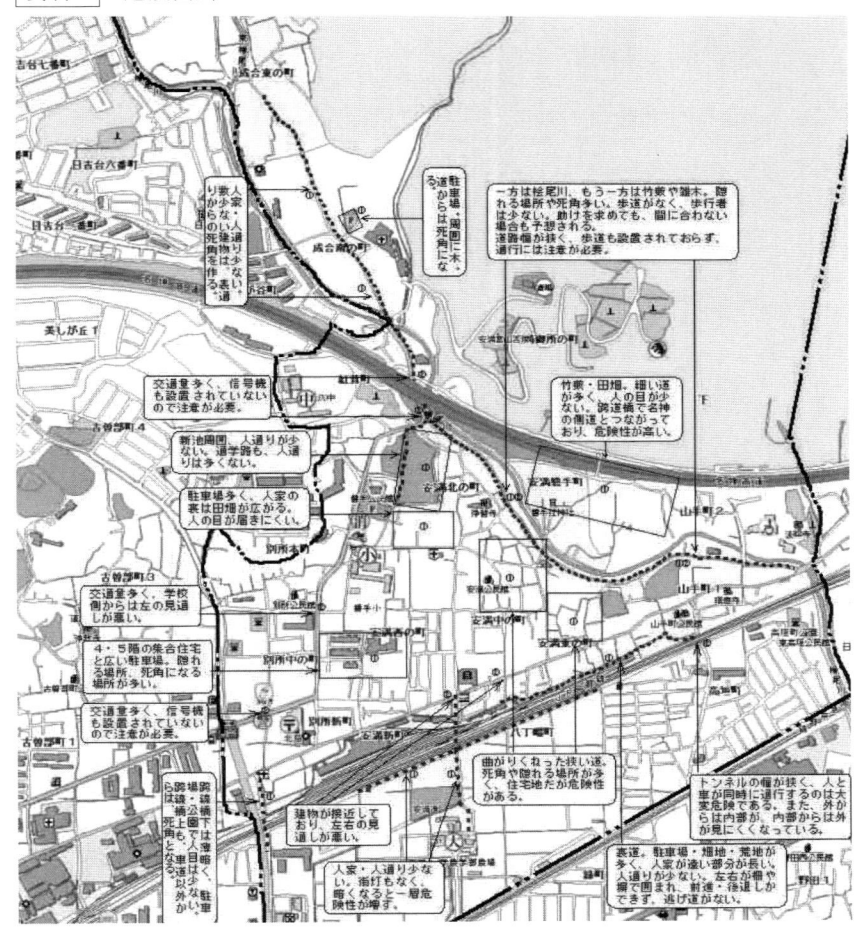

(207)

資料3　防災訓練概要

市制施行70周年記念事業防災訓練概要

平成２５年８月
高槻市立磐手小学校

安全部

市制施行70周年記念事業防災訓練について

1．目的
　市制施行70周年記念行事に伴い、学校で地震による防災訓練を行うことによって地震による災害や避難のしかたについて理解し、自他の安全を守るためお判断に生かすことができる。

2．日時　平成25年8月25日（日）　代休：8月26日（月）

3．当日のスケジュール
　　児童：通常通り登校　　職員朝礼なし
　　8：35～　　　　　　　体育館移動開始
　　8：45～9：10　　　　第1部（避難訓練・震度7の地震の想定）
　　9：15～9：30　　　　移動・休憩
　　9：30～10：10　　　 第2部（7／29に見学したことを子どもたちに伝える場）
　　　　　　　　　　　　　（教室において地震が起こった時のことを考える）
　　　　　　　　　　　　　（10時5分に放送を通して教室で訓練）
　　10：10～10：25　　　休憩
　　10：25～11：10　　　第3部（防災資料・材料を使った防災教育）
　　11：10～11：30　　　下校準備
　　11：30　　　　　　　完全下校（門を出る）

4．その他

・当日は、市民が避難してくる場合（訓練）、授業への影響がると思われる。
・方面隊による活動の可能性・体育館に防災備蓄倉庫に関係するものの準備。
・第1部～第3部の3部構成で展開する。

5．7／29の研修について

　11：00　　備蓄倉庫見学
　13：00　　古曽部防災公園見学
　14：00～16：00　関西大学での安全研修・クロスロード体験

第1部（避難訓練を中心とした防災訓練）

1. 日時　　　　8月25日（日）9時00分　発生
2. 想定　　　　「震度7の強いゆれの地震発生、立っていることが困難」
3. 具体的内容　「落ちてこない。倒れてこない」場所に避難することを通して、安全確保の練習をする。

◇ 訓練の動き

時刻	指示	児童の動き	教職員の動き
8：45		体育館にクラスごとに並ぶ	進行が並ばせる 校長先生の話
	安全部より避難訓練事前指導	「落ちてこない・倒れてこない」 ①頭を守りしゃがむ ②窓から離れる・物が落ちてこない近くの場所を探し、低姿勢で移動する ③指示をよく聞き、おはしを守る ①②③の練習をする	「落ちてこない・倒れてこない」 ①②③ができるよう指示や、カラーコーンを置いてその場所に移動できるようにする。 担任も児童がスムーズに動けるよう誘導する。
9：00	サイレンが鳴る 指示1 『訓練です。今地震が起こっています。窓から離れて、証明の下から離れて、すぐにその場にしゃがみなさい。』＜教頭＞	事前指導の通り、安全が確保できる体勢をとる。	本部設置（体育館） 校長、教頭、N MM、MD（Y）、MK、 人数集約（校長） 緊急指示（教頭） 119番通報（MM）
	指示2 ＜教頭＞『地震はおさまりました。児童のみなさんは、担任の先生の所に行き、指示に従って、落ち着いて運動場に避難しなさい。』	先生の指示に従い、近くの非常出口から運動場に避難する。 ＜おはしも守る＞	避難経路（耐震工事中）に従って児童を避難させる ・担任は児童が集まったクラスごとに2列で避難させる （背の順に並ばなくてもよい）
	※雨の時　その場で安全確保の練習のみ行い、運動場への避難はなし。	クラスごとに2列で並ぶ。	担任は出欠を把握しておく ・児童をクラスごとに並べる。 ①人員点呼（異常の有無を学年ごとに集約） ②1組担任が本部（校長）に報告

			③集合していない児童がいたら防護班の職員がさがしに行く。 ④避難完了の確認 ⑤各係の活動確認（朝礼台前）
9：10	訓練についての講評 　　校長先生の話 　　終わりの言葉　安全部	・安全部の指示によって教室に戻る	

4　教職員担当
　　　応急基本計画参照
　　　給食棟裏側通路の避難誘導　　OD・N
　　　市民訓練への対応　　　　　　校長　OG　YM　MY
5　その他　<u>体育館には上靴で入り、上靴で避難する。</u>

※体育館からの出口は状況を見て、臨機応変に対応してください
　　お願い　当日、自転車車庫に入らない自転車・バイクは給食室側に止めてください

避難訓練対応時全校児童の並び方

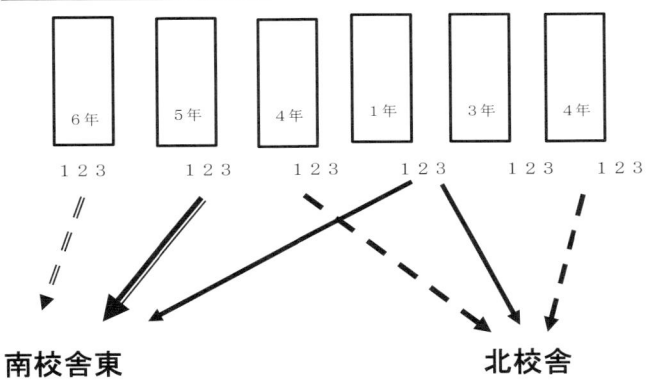

6年	5年	4年	1年	3年	4年
1 2 3	1 2 3	1 2 3	1 2 3	1 2 3	1 2 3

南校舎東　　　　　　　　　　　　　　**北校舎**

<u>教室にもどる順番</u>

　①1・3年生　　②2・4年生　　③5年　　④6年

第2部（学級による指導　場所：教室）

①7／29の見学でのことを伝える　備蓄倉庫・古曽部防災公園・関西大学で見学したことなど
　　　　　　　　　　地域の方面隊などの活動について理解する
　　　　　　　　　　資料はこちらで準備する
②10時5分に教室での地震火災訓練　放送で行う（その場でしゃがむ・避難なし）
　担任：事前指導をする
　（事前指導の内容例）
　　・落ちてこない・倒れてこない場所に避難する：教室の場合机
　　・落ちてくるもの・倒れてくるもの等を考える
　　・安全マニュアルを参考にする。

第3部（学級または、学年による指導）

1年　防災カルタ　防災ビデオ
2年　防災カルタ・○×クイズ
3年　関大による防災教育（第2部の時間帯でおこなう）　○×クイズ
4年　関大による防災学習（場所：視聴覚室）
5・6年　クロスロード

・それぞれの運営について安全部と連携しながら進める

前日までの準備
方面隊の人との打ち合わせ（MK）
　　8／25　当日の役割

第１部

進行・ならばせる（N）　　避難訓練放送・説明・全体指示（MK）

体育館開閉・窓（OD）（N）　　体育館放送準備（N）

運動場放送準備（MD（Y））　　立ち位置での避難誘導（OD）（N）

写真担当（MM）

第２部

進行・チャイム（MK）（OD）～職員室待機

１０時５分の放送（MK）

資料の提示（MD（Y））（S）　　写真担当（MM）

第３部

進行・チャイム（MK）（OD）～職員室待機

備蓄倉庫からの展示品の見学の打ち合わせ（MK）～防災グッズ見学の場合

○×クイズ担当（S）　　カルタ担当（OD）　　クロスロード担当（MY）

防災ビデオ担当（N）

写真担当（MM）

資料4

高槻市立磐手小学校の教員が作成した「クロスロード」問題
(2013年8月25日の防災デイにおける5・6年生の授業で使用)

大人用とあわせて適宜使用してください。(安全部より)
(当日は、教師が問題を読んであげればいいと思います)

大きな地震のため、家から学校の避難所(体育館)に絶対に避難しなければならない。
ペットをかうのは、禁止。連れていかないと死んでしまうかもしれない。
それでもペットをつれていきますか。
ＹＥＳ(連れていく)かＮＯか。

避難所では、いっぱいボランティアの手伝いをして、人のためになって周りの人に感謝されています。でもこれ以上続けると宿題ができず、まちがいなく校長先生にしかられます。それでもあなたはボランティアを続けますか。
ＹＥＳ(続ける)かＮＯか。

家で1人での留守番をお母さんにたのまれました。「どんなことがあっても勝手に家をでたらだめ。もし出たら、来週のサッカーのＪリーグの試合を見につれていかないよ」と言われました。ところが留守番中に、大地震により、ひなんかんこくが。お母さんは帰ってきません。あなたは避難所へひなんしますか。
ＹＥＳ(ひなんする)かＮＯか

(214)

避難所では、インフルエンザが大流行中。あなたは、地震で半分こわれている家にもどりますか。ＹＥＳ（もどる）かＮＯか

ひなん所にひなん中。電気・水道が復旧し、自宅にもどって住める状況になったが、一緒にひなんしている弟の体調がわるく、熱がある。ひなん所だと24時間医者がいる。
自宅にもどりますか。ＹＥＳ（もどる）かＮＯか

地震が起こって高台に避難したとき、家におばあさんが取り残されてることに気がついた。
津波がくるまで約３分。家にもどっておばあさんを助けてつれてきても３分はかかりそう。
おばあさんを助けにもどるか。ＹＥＳ（もどる）かＮＯか

夜、４人で家にいたとき、激しい雨がふりつづいていて、洪水の危険があるとして避難勧告が。避難所までは歩いて２ｋｍ。しかも今は深夜２時で道はまっくら。今すぐ避難するか。ＹＥＳ（避難する）かＮＯか

子どもたちだけで避難所へ。両親と連絡がとれず心配。居場所はメールで知らせている。
携帯の充電が切れそう。幸いバッテリー（蓄電池）をもっていた。避難所では指示を出しているリーダーの携帯の充電がもうすぐ切れそうと大騒ぎをしている。あなたは、充電器をかすか。ＹＥＳ（かす）かＮＯか　　　（Ｆ先生協力）

地震で自宅は半壊状態。家族そろって避難所へ。ただ日頃の備えが幸いして、非常持ち出し袋には水も食料も。持たない家族が多くいる。その前で非常持ち出し袋をあけるか。
ＹＥＳ（あける）かＮＯか　　　　　　　　　　　（MN 先生Ｔ協力）

子どもたち５人で避難中、曲り角にさしかかった。「２人は右に曲がろう」「３人は左に曲がろう」と言った。あなたならどうする。わかれて避難する。みんなで避難する。　　　　　　　　　　　　　　　　　　　（Ｎ先生協力）

大地震後、避難所へ家族を迎えにいくが途中で人が生き埋めになっているのを発見。
他にひとはいない。でも家族も気になる。まず、目の前の人を助けるか。
ＹＥＳ（助ける）かＮＯか

（既存の「クロスロード」で使えそうなもの）
市民編　5002
あなたは…主婦
防災のため、風呂の残り湯を浴槽にためておくといいと言われる。しかし、浴室がかびるかもしれないし、湯あかがつくと掃除が面倒。それに滅多に災害なんてこない。
それでも残り湯をためておく？
Yes（ためておく）　or　No（ためておかない）

市民編 5020
ランティア団体の代表

（216）

物資の運搬・整理・高齢者や子ども世話など、みんなよく働いてくれている。ところが、避難所の裏で、非常によく仕事をしてくれている大学生ボランティアの男女2人がいちゃついている。
注意する？
Yes（注意する） or No（注意しない）

市民編 5003
あなたは… 30 歳代の夫婦
ようやく手に入れた新築マンション。何度もショールームに通って吟味したインテリアに二人とも大満足。しかし、大地震がきたら家具が倒れるかもしれない。
格好は悪いが耐震金具を家具につける？
Yes（つける）or No（つけない）

資料5　KUMCによる特別授業

　2013年7月11日　関西大学　社会安全学部生を中心とする学生団体KUMCによる高槻市立磐手小学校における4年生への河川についての特別授業

漫画『One Piece』の登場人物に扮したKUMCメンバー

檜尾川（ひおがわ）は普通の川とはちがいます。どんな川でしょう？
　　①上川　②天井川　③天の川
　　　　　　　　　　　　　　＊檜尾川は磐手小学校校区を流れる

(218)

第XI章　学校現場における安全管理・防災教育の実践（亀井）

平成24年豪雨の際の高槻市の様子や檜尾川（ひおがわ）決壊について話すKUMCメンバー

川であそんでいるときに大雨が降ってきました。川には大きな橋がかかっています。あなたは橋の下で雨宿りをしますか？　　〇か×か？
〇（雨宿りする）　×（雨宿りしない）

家にいるとき大雨が降ってきた。避難しよう。車で避難しますか？　　〇か×か？
〇（車で避難する）　×（車で避難しない）

第XI章　学校現場における安全管理・防災教育の実践（亀井）

2013年7月11日　関西大学　KUMCメンバーによる高槻市立磐手小学校4年生への河川についての特別授業の締めくくり

(221)

資料6　防災訓練

2013年8月25日（日）　高槻市　市制施行70周年記念事業　防災訓練
高槻市立磐手小学校における取り組み
①避難訓練（震度7の地震の想定）

②防災教育（各学年ごとの取り組み）
関西大学の学生団体　KUMCによる「非常時に役立つ新聞紙でのスリッパの作り方」の指導

「新聞紙で作った紙コップでもラップをかければお茶が飲めます」

第XI章　学校現場における安全管理・防災教育の実践（亀井）

資料7　新聞スリッパ　作り方説明書

★作り方説明書★

新聞スリッパ
マスク
カッパ

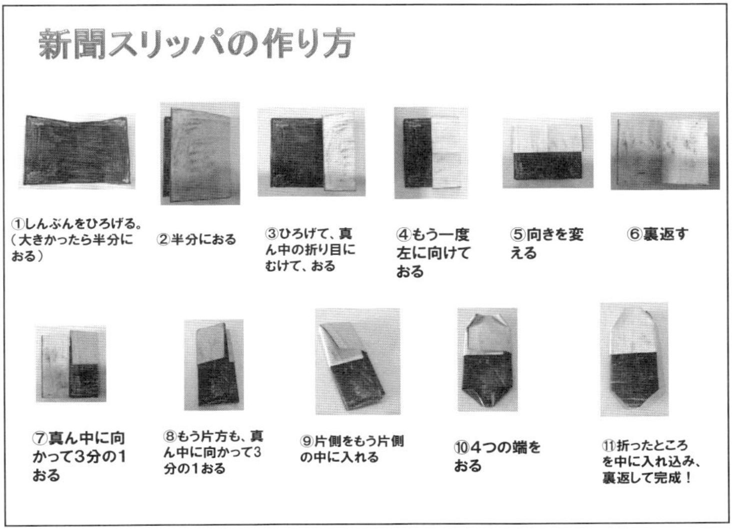

新聞スリッパの作り方

①しんぶんをひろげる。（大きかったら半分におる）
②半分におる
③ひろげて、真ん中の折り目にむけて、おる
④もう一度左に向けておる
⑤向きを変える
⑥裏返す
⑦真ん中に向かって3分の1おる
⑧もう片方も、真ん中に向かって3分の1おる
⑨片側をもう片側の中に入れる
⑩4つの端をおる
⑪折ったところを中に入れ込み、裏返して完成！

(223)

マスクの作り方

①バンダナをひろげる

②真ん中に向かっておる
このとき、中にティッシュを入れておく

③半分におる

④バンダナのはじをねじる

⑤耳が入るようにわっかを作り、輪ゴムでとめる

⑥もう片方も同じようにして、完成！

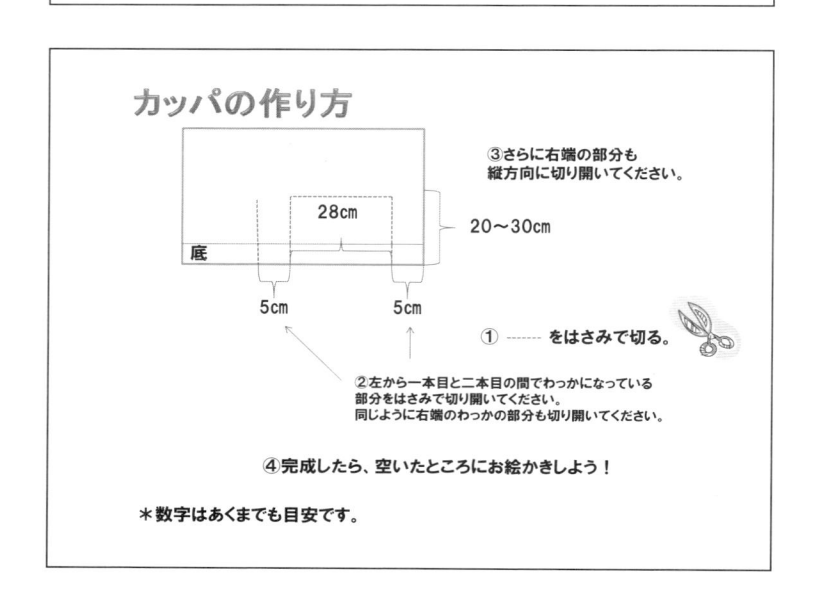

カッパの作り方

③さらに右端の部分も縦方向に切り開いてください。

28cm

20〜30cm

底

5cm　5cm

① ------ をはさみで切る。

②左から一本目と二本目の間でわっかになっている部分をはさみで切り開いてください。
同じように右端のわっかの部分も切り開いてください。

④完成したら、空いたところにお絵かきしよう！

＊数字はあくまでも目安です。

第Ⅺ章　学校現場における安全管理・防災教育の実践（亀井）

資料8　あいさつの重要性

2013年12月17日（火）　関西大学社会安全学部生による高槻市立磐手小学校訪問。
「小学生の頃の夢や現在の大学生活」について小学生に話する社会安全学部・亀井克之ゼミナール生。

あいさつの「あ」は安全の「あ」。
交流を通じてあいさつの大切さを実感する。

資料9　関西大学　高槻ミューズキャンパス　社会安全学部　訪問

　2014年1月14日（火）　高槻市立　磐手小学校5年生・6年生180名が関西大学高槻ミューズキャンパス訪問。　備蓄庫と社会安全ミュージアム見学。

第Ⅺ章　学校現場における安全管理・防災教育の実践（亀井）

　2014 年 1 月 14 日（火）　高槻市立　磐手小学校　5 年生・6 年生 180 名が関西大学　高槻ミューズキャンパス訪問。　ホール教室で関西大学社会安全学部生と共に「リスクマネジメント論」（亀井克之担当）の講義を受講。

防災クイズ・コーナーは KUMC のメンバーが担った。

(228)

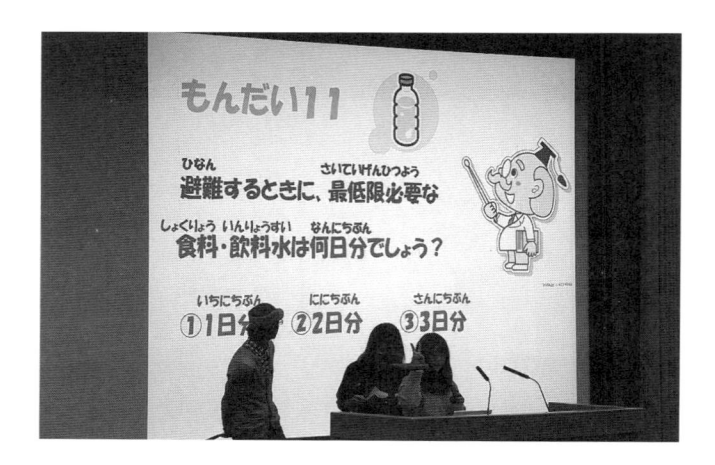

第XI章　学校現場における安全管理・防災教育の実践（亀井）

資料10

高槻市立 磐手小学校 5年生 6年生のみなさん
ようこそ 関西大学 高槻ミューズ・キャンパスへ！
2014年1月14日(火) 10:40～ ミューズ・ホール
関西大学 社会安全学部
「リスクマネジメント論」
今日 学習する内容
- 社会安全学部とは何だろう？
- 河田惠昭教授の教えとは → 防災クイズ
- リスク感性とは？→教科書『危機管理とリーダーシップ』
- リスクの見える化とは？→磐手小 校区安全マップ
- リスク・コミュニケーションとは？ → 「クロスロード」

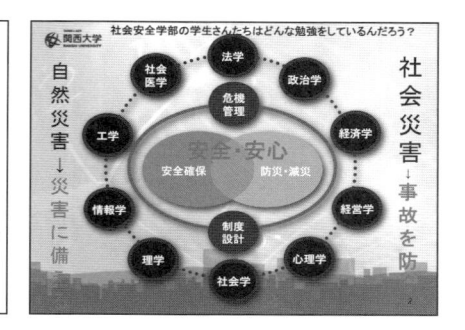

社会安全学部の学生さんたちはどんな勉強をしているんだろう？

関西大学

自然災害→災害に備
社会災害→事故を防

法学／政治学／経済学／経営学／心理学／社会学／理学／情報学／工学／社会医学
危機管理
安全・安心
安全確保　防災・減災

『広辞苑』（こうじえん）
安全：安らかで危険のないこと。
安心：心配・不安がなくて、
　　　　心が安らぐこと。

社会安全学部では
安全で安心な社会を作るための
勉強をします。

『広辞苑』（こうじえん）
リスク＝危険　　危ないこと
危機＝大変なことになるかもしれない場合
リスクマネジメント＝さまざまな危険を最小限におさえる方法
危機管理＝災害に対処する体制。被害の拡大防止。

昭和37年キューバ危機
- 1962 1963 **1964** 1965 1966 1967 1968 1969 1970 1971
  昭和39年東京オリンピック　新潟地震
- 1972 1973 **1974** 1975 1976 1977 1978 1979 1980 1981
  昭和49年石油ショック
- 1982 1983 **1984** 1985 1986 1987 1988 1989 1990 1991
  昭和59年グリコ森永事件
- 1992 1993 **1994** 1995 1996 1997 1998 1999 2000 2001
  平成7年1月17日阪神大震災　平成13年9月11日同時多発テロ
- 2002 2003 **2004** 2005 2006 2007 2008 2009 2010 2011
  平成16年12月26日 スマトラ沖地震　平成23年3月11日東日本大震災
- 2012 2013 **2014**
  平成26年ソチ冬季オリンピック
  （関西大学 高橋大輔 町田樹 フィギュアスケート出場）
  ワールドカップ ブラジル大会

河田惠昭（かわたよしあき） 教授
①減災：災害があっても被害が減らせるように準備しておく。
②「想定外」を繰り返さない
③「いつでも どこでも だれでも」災害にあう
（ユビキタス減災社会）

(229)

もんだい1

川であそんでいるときに大雨が降ってきました。川には大きな橋がかかっています。あなたは橋の下で雨宿りをしますか？

こたえ

×

なんで？？？
川の水は急に増えるから。
雨が降ってきたらすぐに川からはなれよう！

第XI章 学校現場における安全管理・防災教育の実践（亀井）

もんだい2
ゲリラ豪雨とは、せまいはんいで短い時間、雨がふること。

こたえ 〇

ゲリラ豪雨は、せまいはんいで短い時間でふる。

（231）

もんだい3　地震の震度

じしんが起(お)きたときの「しんど」は9だんかいである。しんど8はある。

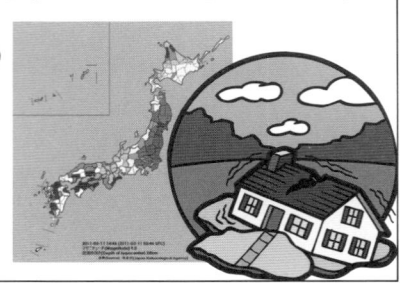

○(まる)か×(ばつ)か？

こたえ

×．9だんかいではなく10だんかい。

震度は、
0・1・2・3・4・5弱(じゃく)
5強(きょう)・6弱(じゃく)・6強(きょう)・7。

マグニチュードとはちがう

4. 芥川と檜尾川は普通の川とはちがいます。どんな川でしょう？？

① 屋上川
② 天井川
③ 天の川

正解は・・・②

芥川と檜尾川は天井川なので浸水被害がおこるかもしれません。！

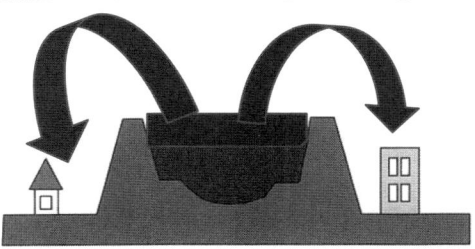

5
「稲むらの火」という物語ででてくる災害はなに？

　　　　　①津波
　　　　　②洪水
　　　　　③火事

「稲むらの火」という物語ででてくる災害は
正解　①津波

「稲むらの火」は、地震の揺れに続いて浜辺から海水が引くのを見て大津波が来ると考えた浜口五兵衛が、稲むら（稲を積み上げたもの）に火をつけて村人を高台に誘導し、命を救った物語。現実のモデルは浜口儀兵衛。

6. 津波のスピードは、最高でどのくらいになる？

① 自動車
② 新幹線
③ ジェット旅客機

津波のスピードは、最高で
　　　正解　③ジェット旅客機

津波の速度は、水深が深ければ深いほど速度は速くなります。

水深5千メートルのところでは、時速800キロとなり、ジェット旅客機と同じぐらいの速度になります。

もんだい7

エレベーターの中で地震にあったとき、どうしたらいいでしょうか？

① 1番上の階と1番下の階のボタンを押す

② すべての階のボタンを押す

③ そのままじっとしている

こたえ

② すべての階のボタンを押す

すべての階のボタンを押し、
はじめに止まった階で
必ず降りるようにしましょう!!

8. 世界でも通じる自然災害の言葉はどれ？

① ジシン（地震） Jishin
② ツナミ（津波） Tsunami
③ コーズイ（洪水） Kozui

世界でも通じる自然災害の言葉
　　② ツナミ（津波） Tsunami

日本はこれまで何度も大きな津波災害にあってきました。そのため、日本の津波は世界的に有名になり、「ツナミ」という言葉が世界でも通じるようになりました。

もんだい9

地震などがおきたときに
声をろくおんしたり聞いたりできる
番号は何番でしょう？

① 171
② 177
③ 117

こたえ　① 171

① 171をおしてお父さんお母さんのでんわばんごうをおすと、声をろくおんしたりきいたりできます
② 天気予報
③ 時報

もんだい10

あなたが外(そと)にいるとき大地震(だいじしん)が起きたらどこに逃(に)げたらいい？

① コンビニエンスストア
② ガソリンスタンド
③ こうばん

こたえ　② ガソリンスタンド

ガソリンスタンドは、火(ひ)にも地震(じしん)にもつよいしせつです。阪神淡路大震災(はんしんあわじだいしんさい)ではスタンドでやけどまりになったといいます。

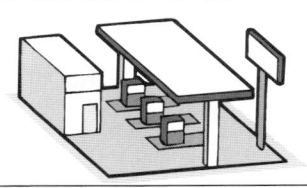

もんだい11

避難するときに、最低限必要な食料・飲料水は何日分でしょう？

① 1日分　　② 2日分　　③ 3日分

こたえ　③ 3日分

飲料水は3日分、1人1日3リットルは必要です。食料の場合、保存期間が長く、火を通さずに食べられるものがおすすめです。

11
阪神・淡路大震災以降に、被災生活で意外と役立つと言われているものは？

①つまようじ
②ラップフィルム
③まな板

阪神・淡路大震災以降に、被災生活で意外と役立ったもの

こたえ②ラップフィルム

食器にラップを敷いて料理を盛れば、食器を洗う必要がなくなり、それだけ貴重な水を使わなくてすみました。

**12 外で遊んでいたら雷接近！
その時、やってはいけない行動はどれ？**
① 木の下に逃げる
② 家の中に逃げる
③ できるだけ低くなって身をかがめる

雷接近！ その時、やってはいけない行動は
こたえ① 木の下に逃げる
　　　② 家の中に逃げる
　　　③ できるだけ低くなって身をかがめる

雷が鳴ったとき、木の下に逃げろと言われていたこともありました。しかし、木に落雷して、死亡する事故も起き、実際には危険です。最低でも木のすべての幹、枝、葉、から2メートル以上は離れてください。

もんだい13
火事の煙が1階から5階まで上昇するのにかかる時間は？

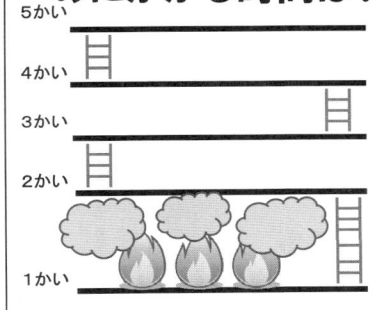

- ① 5秒
- ② 5分
- ③ 15分

火事の煙が1階から5階まで上昇するのにかかる時間は

こたえ ① 5秒

煙は横方向に毎秒約0.5～1mのスピードで広がります。縦方向には毎秒約3～5mのスピードで上昇します。

5階までの高さは約20mですから、5秒ほどで煙が到達します。

もんだい14

火事で部屋がけむりでいっぱいになってきたときどうやってにげればいいでしょうか？

① いそいで走ってにげる

② ひくい姿勢でにげる

③ その場でじっとしている

こたえ ②

ゆかに近いところはけむりがうすいので、ハンカチなどで口をおおい、ひくい姿勢をとってにげましょう！

防災クイズ終わり

第Ⅺ章　学校現場における安全管理・防災教育の実践（亀井）

「リスクの見える化」
磐手小　安全マップ

ここはどこかな？　安全マップを見て答えて下さい。

クロスロード（決断の別れ道）
ピンチの時に決断してみよう YESか NOか
話し合ってみよう YESとNOのよいところ 悪いところ

ピンチにどう決断するか（クロスロード）
①椋鳩十「大造じいさんとガン」から

- あなたはガンの群れのリーダー　残雪。
- 1羽の ガンが飛びおくれて ハヤブサに襲われています。
- このガンを助けようとするとハヤブサに殺されるかもしれません。
- あるいは大造じいさんにつかまえられるかもしれません。
- 助けますか？
- YES（助ける）NO（助けない）

ピンチにどう決断するか（クロスロード）
②新美南吉「あめ玉」から

- あなたは　二人の小さな子どもを連れた女の旅人。
- わたし舟に乗りました。
- 舟の真ん中で黒いひげを生やして強そうなさむらいがいねむりをしています。刀を持っています。
- 子どもたちが二人とも「あめ玉ちょうだい」と手を差し出しました。ところが、あめ玉はもう一つだけしかのこっていません。
- 「あたしにちょうだい」と二人ともせがみます。
- さむらいを起こしはしないかとひやひやします。
- 小さい方の子どもにだけあめ玉をあげますか？
- YES（小さい子にだけあげる）　NO（あげない）

ピンチにどう決断するか（クロスロード）
③「大切な宝物」（宮城県登米市立豊里小作成）

- あなたは　小学6年生の女の子。
- あなたの宝物は，修学旅行で買ってきたきれいなキャンドルです。いつも机の上に飾って大切にしています。ある日の晩，いつものように部屋で勉強していると大きな地震が起こり，停電になりました。
- 懐中電灯は電池切れです。家族はまだ夕ご飯前です。お母さんから，机の上にあるキャンドルを持ってきて灯りにするように言われました。
- あなたは持ってきますか。
- YES（キャンドルを持ってくる）NO（持ってこない）

ピンチにどう決断するか(クロスロード)
④「ペット」(宮城県登米市立豊里小作成)

- あなたは　小学校6年生。
- 大型で非常に強い台風が近づいてきています。
- 30分前に「避難勧告」が出され，近所の人たちがどんどん避難所に避難を始めています。
- あなたの家でも避難所に行くことになりました。
- さて，家で飼っている犬を一緒に避難所に連れて行きますか。
- YES(連れていく)　NO(連れて行かない)

ピンチにどう決断するか(クロスロード)
⑤「幼い妹と」(宮城県登米市作成版を改変)

- あなたは　小学校4年生の男子。
- 夕方2歳の妹と留守番中，大地震が発生。し
- ばらくすると防災無線で「今すぐ避難所へ」という避難勧告。
- 両親はあと1時間ほどで帰ってくる予定。
- ，あなたは，2km先の避難所まで妹を連れて避難しますか。
- YES(避難する)　NO(両親を家で待つ)

ピンチにどう決断するか（クロスロード）
⑥「弟とおばあさん」（宮城県登米市立豊里小作成）

- あなたは 小学6年生の女の子。
- 大きな地震にあい避難所で生活をしています。
- ある日，1歳の弟のミルクを作るために水の配給に並んでいるとちょうど自分のところで配給が終わりました。
- 後ろを見ると薬を飲むために水が必要なおばあさんでした。
- さて，あなたはその水をおばあさんにあげますか。
- YES（あげる）NO（あげない）
-

ぼうさいクイズとクロスロード
作成する際に参考にした資料

- 矢守克也・吉川肇子・網代剛『防災ゲームで学ぶリスク・コミュニケーション クロスロードへの招待』ナカニシヤ出版，2007年
- 吉川肇子・矢守克也・杉浦淳吉『クロスロード・ネクスト 続：ゲームで学ぶリスク・コミュニケーション』ナカニシヤ出版，2009年
- 防災研究所『ぼうさい駅伝』
- 『防災カードゲーム シャッフル』幻冬舎エデュケーション，2012年

資料11　ハザードマップすごろく

KUMC　防災教育班　作成　「高槻防災ハザードマップすごろく」

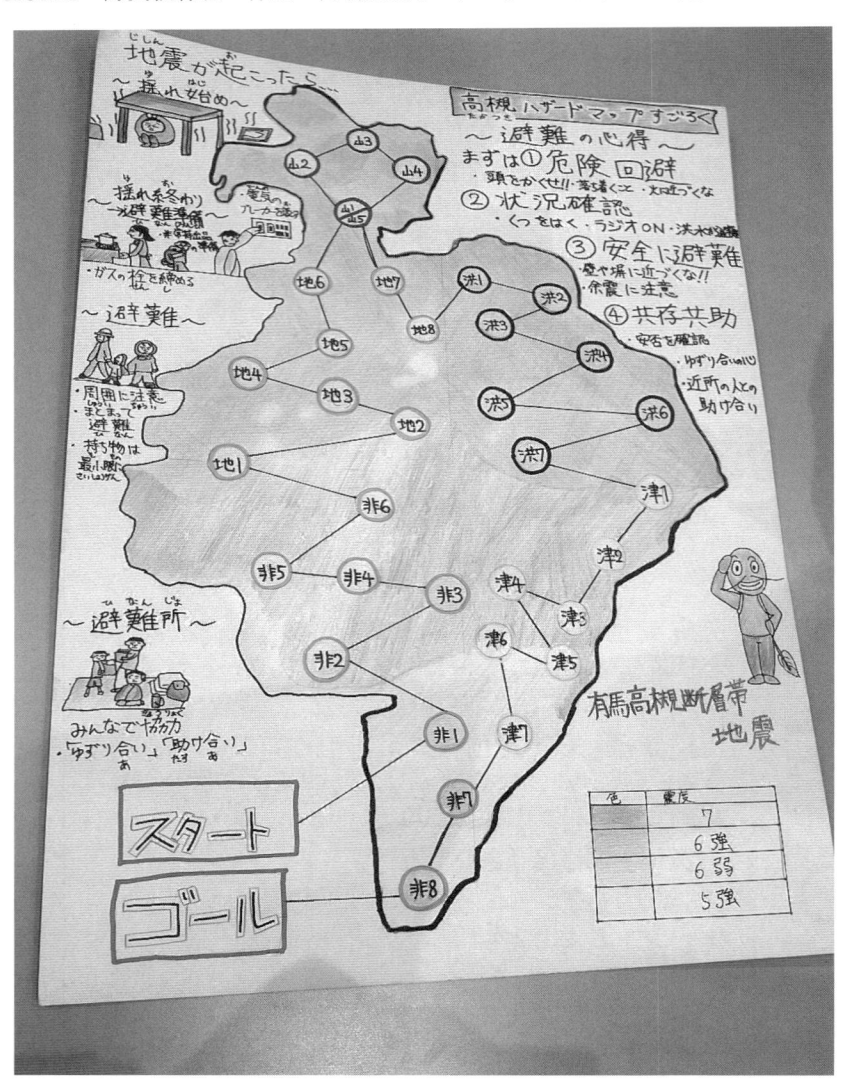

第XI章　学校現場における安全管理・防災教育の実践（亀井）

（251）

執筆者紹介

亀井 克之	関西大学社会安全学部教授	経営学 リスクマネジメント論
奈良 由美子	放送大学教養学部教授	リスクマネジメント論 生活経営学
岡田 朋之	関西大学総合情報学部教授	メディア論　文化社会学
尾久 裕紀	立教大学現代心理学部特任教授	精神医学　力動的精神療法
金子 信也	関西大学社会安全学部助教	労働安全衛生 メンタルヘルス論
石井 至	石井兄弟社代表取締役	リスクマネジメント (幼児教育、金融)
髙野 一彦	関西大学社会安全学部教授	企業法学　情報法学 企業の社会的責任論
久保田 賢一	関西大学総合情報学部教授	学習環境デザイン
時任 隼平	山形大学教育開発連携支援センター講師 ※久保田賢一との共同研究者	教育工学

(執筆順)

関西大学経済・政治研究所研究双書第159冊
子どもの安全とリスク・コミュニケーション

2014(平成26)年3月31日　発行

編　　者　関西大学経済・政治研究所
　　　　　子どもの安全とリスク・コミュニケーション研究班

発　行　者　関西大学経済・政治研究所
　　　　　〒564-8680 大阪府吹田市山手町3丁目3番35号

発　行　所　関西大学出版部
　　　　　〒564-8680 大阪府吹田市山手町3丁目3番35号

印　刷　所　株式会社 図書印刷同朋舎
　　　　　〒600-8805 京都市下京区中堂寺鍵田町2

© 2014 Katsuyuki KAMEI　　　　　Printed in Japan

ISBN978-4-87354-582-0 C3037　　落丁・乱丁はお取替えいたします。

Economic & Political Studies Series No.159

Safety of Children and Risk Communication

CONTENTS

I   Basic Theory of Risk Management
.... Katsuyuki KAMEI

II   Social Risks and Children
.... Katsuyuki KAMEI

III   Safety of Children and Social Risk Management
.... Katsuyuki KAMEI

IV   Risk Management and Living Subject with Children
.... Yumiko NARA

V   Risks of Using the Internet by Children and
A Gaming Approach to Media Literacy Practice
.... Tomoyuki OKADA

VI   A Chance for Children to Get Over Difficulty and Stress
.... Hiroki OGYU

VII   Risk Management on Entrance Exam for Private Elementary Schools
.... Itaru ISHII

VIII   Exploration of the Future Image Relating to
Personal Data Protection in Japan
— Problem Consciousness Relating to the Effectiveness of
Japanese Privacy Protection in the EC Study Report —
.... Kazuhiko TAKANO

IX   Disaster Prevention Education with Active Learning Approach
Case Study for Activities of Middle School Students in
the Great East Japan Earthquake
.... Jumpei TOKITO, Kenichi KUBOTA

X   Crisis Management at School
.... Katsuyuki KAMEI

XI   Safety Management and Education at School
— Case of Iwate Elementary School, Takatsuki —
.... Katsuyuki KAMEI